T4-ADM-282

Georg Schwikart
Sexualität
in den Weltreligionen

Gütersloher Verlagshaus

Die Deutsche Bibliothek – CIP-Einheitsaufnahme

Schwikart, Georg:
Sexualität in den Weltreligionen / Georg Schwikart. –
Gütersloh: Gütersloher Verl.-Haus, 2001
ISBN 3-579-02322-5

ISBN 3-579-02322-5
© Gütersloher Verlagshaus, Gütersloh 2001

Das Werk einschließlich aller seiner Teile ist urheberrechtlich geschützt. Jede Verwertung außerhalb der engen Grenzen des Urheberrechtsgesetzes ist ohne Zustimmung des Verlages unzulässig und strafbar. Das gilt insbesondere für Vervielfältigungen, Übersetzungen, Mikroverfilmungen und die Einspeicherung und Verarbeitung in elektronischen Systemen.

Lektorat: Birgit Schreiber, Recklinghausen
Umschlaggestaltung: Init GmbH, Bielefeld
Satz: Weserdruckerei Rolf Oesselmann GmbH, Stolzenau
Druck und Bindung: Clausen & Bosse, Leck

Gedruckt auf chlorfrei gebleichtem Werkdruckpapier
Printed in Germany

Besuchen Sie uns im Internet: http://www.gtvh.de

Inhalt

Vorwort 11

Einführung

Existentielle Lebenskräfte
Über das enge Verhältnis von Religion und Sexualität   14
Geschlechterrollen werden definiert
Frau und Mann 22
Der lange Weg einer Institution
Ehe und Familie, Heirat, Scheidung 28
Nicht jeder Akt ist zeugungsoffen
Geburtenregelung 34
Verboten, aber praktiziert
Sexualität außerhalb der Ehe 36
Hier gepriesen, dort verdammt
Homosexualität 40
Verzicht als Gewinn
Askese 42
Erotik ist nicht gleich Liebe
Sexualität als Teil des Lebens 44

Judentum

Glaube an Gott, der sich offenbart
Die Religion 48

Erlaubt ist, was vor Gott nicht erröten muss
Das Wesen der Sexualität 53
Gott schuf den Menschen als sein Abbild
Frau und Mann 55
So schwierig, wie das Rote Meer zu teilen
Ehe und Familie, Heirat, Scheidung 60

Abbildungsteil 1 67

»Seid fruchtbar!«
Geburtenregelung 75
Sich vor Unzucht hüten
Sexualität außerhalb der Ehe 76
Sanktionierung einer sexuellen Option
Homosexualität 78
Kein Ideal
Askese 79
»Wie es gefällt«
Sexualität als Teil des Lebens 81

Christentum

»Gute Botschaft!«
Die Religion 84
Skeptische Moral
Das Wesen der Sexualität 86
Die Verführerin als Seelenballast?
Frau und Mann 90
Sakrament oder »weltlich Ding«?
Ehe und Familie, Heirat, Scheidung 93
Verantwortungs- oder Prinzipienethik?
Geburtenregelung 100

Wider die Natur?
Sexualität außerhalb der Ehe 102
Vorsichtige Neubewertung
Homosexualität 105
Um des Himmelreiches willen
Askese 107
Ein zerbrechliches Geschenk
Sexualität als Teil des Lebens 109

Islam

Hingabe an den Einen Gott
Die Religion 112
Merkmal des Menschlichen
Das Wesen der Sexualität 116
Neigung zur Trennung der Geschlechter
Frau und Mann 117
»Zeichen für Leute, die nachdenken«
Ehe und Familie, Heirat, Scheidung 121
Diskussionsstoff
Geburtenregelung 128

Abbildungsteil 2 131

Immer unerlaubt
Sexualität außerhalb der Ehe 139
Theoretisch: Peitschenhiebe
Homosexualität 142
Warum versagen, was erlaubt ist?
Askese 144
Vorgeschmack des Paradieses
Sexualität als Teil des Lebens 145

Hinduismus

Ungezählte Götter
Die Religion 148
Heilige Energie
Das Wesen der Sexualität 153
Kultische Gleichheit, praktische Ungleichheit
Frau und Mann 157
»Ich bin die Worte, du die Melodie«
Ehe und Familie, Heirat, Scheidung 160
Sozialversicherung durch Nachwuchs
Geburtenregelung 165
Tänzerinnen der »Heiligen Hochzeit«
Sexualität außerhalb der Ehe 166
Kaum ein Thema
Homosexualität 167
Die Alternative
Askese 168
Wertvolle Gabe
Sexualität als Teil des Lebens 173

Buddhismus

Wege zum Erwachen
Die Religion 176
Begehren als Wurzel des Leidens
Das Wesen der Sexualität 181
Bedrohung auf dem Weg zur Erlösung
Frau und Mann 185
Notwendige Einrichtung für Nicht-Mönche
Ehe und Familie, Heirat, Scheidung 189

Grundsätzlich erlaubt
Geburtenregelung 191
Grenzüberschreitungen
Sexualität außerhalb der Ehe 192
Negativ ist nicht das Gleichgeschlechtliche an sich
Homosexualität 194
Transzendierte Potenz
Askese 195
Achtung und Schutz vor Extremen
Sexualität als Teil des Lebens 197

Glossar 199

Weiterführende Literatur 206

Vorwort

Religion und Sexualität – bilden diese beiden nicht das Gegensatzpaar schlechthin? Die Religion erhebt die Seele, die Sexualität hingegen befriedigt den Leib; die Religion sucht Erlösung aus dem Irdischen, die Sexualität aber nur die pralle Lust ... Doch so leicht wird man den beiden nicht gerecht. Religiöse Vorstellungen können Bewusstsein erzeugen. Das, was einer glaubt, was er als richtig erkannt hat, beeinflusst sein konkretes Leben, den Alltag mit seinen facettenreichen Problemen. Religion kann Menschen dazu bringen, Dinge zu tun oder zu lassen, die sie sonst gelassen oder getan hätten.

Gerade eine so existentielle Sache wie die Sexualität ist in den Religionen thematisiert worden. Doch ob sie als schöpferische Kraft, als dämonische Energie oder als geheimnisvolles Mittel der Fortpflanzung verstanden wird, hängt vom Gesamtkonzept der Glaubenslehre ab. Was den einen erlaubt ist, wird den anderen verboten: Die Religionen haben eine Vorstellung von Richtig und Falsch – und vom »Heil«, dem sich alles andere unterordnen muss.

Verschieden sind die Antworten der Religionen auf die Frage, welche Rolle die Sexualität spielt. Und das nicht nur untereinander, sondern auch innerhalb der Religionen: Judentum, Christentum, Islam, Hinduismus und Buddhismus sind jeweils keine einheitlichen Blöcke, sondern sehr differenzierte Gebilde, kompliziert, vielschichtig und dauerndem Wandel unterworfen. Eines allerdings vereinigt alle: das Ringen um den Kompromiss der Wahrung geheiligter Tradition und der notwendigen Anpassung an die Moderne.

Dieses Buch mag nur als erste Einführung in eine interessante und spannende Diskussion dienen. Auch ohne intensive Vorkenntnisse kann es mit Gewinn gelesen werden. Fremdwörter werden in einem Glossar am Ende erklärt, um den Lesefluss nicht zu stören. Außerdem sei auf weiterführende Literatur verwiesen.

Schließlich danke ich allen, die mir bei der Erarbeitung dieses Buches behilflich waren, vor allem Stefan Zimmer und Ursula Schairer.

Sankt Augustin, im Sommer 2001

Einführung

Existentielle Lebenskräfte
Über das enge Verhältnis von Religion und Sexualität

Sturmwind wiegte dort die Jungfrau,
spielte mit der Maid die Meerflut,
in dem blauen Seegebiet schaumgekrönter Wolkenkämme:
weht der schwere Wind sie schwanger,
gibt das Meer ihr Mutterfülle.

So heißt es in der Kalevala, einer finnischen Erzählung über die Schöpfung. Von Atum, einem Gott der alten Ägypter, wird im 3. Jahrtausend vor Christus berichtet: Atum befriedigte sich selbst. Aus seinem Sperma entstand das erste Paar, Schu und Tefnut – Luft und Feuchtigkeit, Sinnbilder für das Leben –, und die Maat, die sinnvolle Ordnung der Welt, die den ganzen Kosmos zusammenhält. Den Anbeginn der Welt stellten sich viele Völker als Sexualakt von Himmel und Erde vor. Dabei schafft der Koitus nicht nur Konkretes – einen Planeten, einen Menschen –, sondern das Leben schlechthin. Die Mythen der Kulturen sind voller erotischer Geschichten und Symbole, mit denen zum Beispiel das Sein, die Schöpfung der Welt und die Gottheiten erklärt werden. Der Umgang mit Sexualität war im Allgemeinen viel unbefangener, als er es heute ist. Dennoch, Skepsis oder gar Ablehnung gegenüber allem Sexuellen ist keineswegs eine Erfindung der mittelalterliche Kirche, wie manche meinen.

Wenn du von der Vorstellung einer sinnlichen Begierde ergriffen wirst, so sei wie in den anderen Dingen auf der Hut, dass du nicht von ihr völlig hingerissen werdest. Lass viel mehr die Angelegenheit auf dich warten, und gewinne dir selbst einen gewissen Aufschub ab. Sodann denke an beide Augenblicke: an den, da du der Lust frönen, und an den, da du nach dem Genuss Reue empfinden und dir selbst Vorwürfe machen wirst. Und diesem stelle entgegen, wie du dich, wenn du enthaltsam geblieben bist, freuen und selber belobigen wirst. Wenn dir aber eine Gelegenheit, die Tat zu begehen, kommt, so achte darauf, dass dich nicht das Lockende, Angenehme und Verführerische überwältige, sondern halte ihm gegenüber, um wie viel besser das Bewusstsein ist, einen solchen Sieg errungen zu haben.

So mahnte schon der griechische Philosoph Epiktet (etwa 50-138 n. Chr.) in seinem »Handbüchlein der Ethik«. Auch eine Tradition der asketischen Lustfeindschaft gehört zur Geschichte der Sexualität.

Das Wort »Sex« heißt aus dem Lateinischen übertragen »Geschlecht« und meint im weiteren Sinne, »das, was die Menschen unterscheidet« – eben das Geschlecht. Erst die Wissenschaft des 20. Jahrhunderts hat herausgefunden, dass dieser Unterschied genetisch bedingt ist und auf einem abweichenden Chromosomenpaar beruht: XX ist die weibliche, XY die männliche Form.

Schon den ersten Exemplaren des *homo sapiens* jedoch dürften die äußeren – sichtbaren – Unterschiede zwischen den Geschlechtern offensichtlich gewesen sein. Körperbau, Muskulatur, Haarwuchs, vor allem die Geschlechtsteile lassen unterscheiden, ob ein Mensch Frau oder Mann ist. Doch wiederum erst medizinische Erkenntnisse viel späterer Jahrhunderte deckten auf, dass nicht die äußeren Geschlechtsorgane *Vagina* bzw. *Penis* die geschlechtliche Identität bestimmen, sondern die inneren, nämlich Eierstöcke und Hoden, und die von diesen Organen produzierten Sexualhormone.

Einem alten Mythos zufolge, den der griechische Philosoph Platon (427-347 v. Chr.) überliefert, waren die Menschen am Anfang noch nicht nach Geschlechtern getrennt, sondern vollkommene Wesen, Kugeln gleich. Dann fielen sie auseinander (oder wurden gewaltsam getrennt) in zwei Teile: die Frau und den Mann. Seitdem sind die Menschen auf der Suche nach Einheit, suchen das passende »Komplement«, also das, was sie komplett macht: nur für Augenblicke finden sie es im Geschlechtsverkehr.

Sexualität ist eine der starken Lebenskräfte im Menschen. Wie Nahrungsaufnahme und Schlaf der Selbsterhaltung dienen, drückt Sexualität das Streben nach Arterhaltung aus. Mit dem Verlangen nach Fortpflanzung wird der Geschlechtstrieb übrigens nicht unbedingt erklärt. Man geht heute davon aus, dass die ersten Menschen keinen ursächlichen Zusammenhang zwischen Koitus und Nachkommenschaft erkannten. Sie sahen in der Frau eine Wunder wirkende Spenderin des Lebens.

Aber kann man dem großen Begriff Sexualität gerecht werden, wenn man ihn auf den Beischlaf reduziert? Ist nicht jeder Mensch ein sexuelles Wesen, auch wenn er nicht »praktiziert«?

Die Thesen des österreichischen Psychiaters Sigmund Freud (1856-1939), dem Begründer der Psychoanalyse, sind heute vielfach umstritten. Es bleibt jedoch seine bahnbrechende Erkenntnis, dass Sexualität zu jedem Menschen gehört. »Sexualität« versteht Freud allerdings in einem weiteren Sinne, als das gemeinhin geschieht: als Lust bereitendes Verhalten. Und das Bestreben, sich Lustgewinn zu verschaffen, habe der Mensch von Geburt an.

Weitgehende Anerkennung hat Freuds Aufteilung der sexuellen Entwicklung in aufeinander aufbauende Phasen gefunden:

- *Orale* Phase (die ersten beiden Lebensjahre): Lustgewinn wird durch die Mundregion erfahren.

- *Anale* Phase (etwa 3. Lebensjahr): Die *Genitalien* in ihrer Verschiedenheit werden entdeckt. Vorgänge der Ausscheidung stehen im Vordergrund des Interesses.
- *Phallische* Phase (etwa 3. bis 5. Lebensjahr): Das andersgeschlechtliche Elternteil wird »geliebt«.
- *Latenzzeit* (6. Lebensjahr bis zur Pubertät): Die sexuelle Entwicklung kommt zum Stillstand, das Interesse für sexuelle Fragen ruht.
- *Genitale* Phase (ab der Pubertät): Reife Sexualität, die sich nicht auf die eigene Person, sondern auf ein Gegenüber bezieht.

Freuds Theorien, wie überhaupt seine Forschungen zu sexuellen Themen, berührten zu seiner Zeit (am Anfang des 20. Jahrhunderts) ein gesellschaftliches Tabu: Darüber sprach man nicht. Zwar etablierte sich im Laufe der Jahrzehnte ein sexologischer Wissenschaftszweig im Spannungsbereich von Medizin, Psychologie, Pädagogik und Soziologie. Doch erst die »*sexuelle Revolution*« der sechziger Jahre ermöglichte eine Öffnung breiter Bevölkerungsschichten für diesen Themenkreis.
Die Gleichung »Sex = Fortpflanzung = Ehe« war nun aufgelöst. Die willkommene und notwendige Aufklärung und Enttabuisierung des Themas wurde seither zu einer »Sexualisierung« des gesamten Alltags übersteigert; Pornographie wurde allgegenwärtig, Sexualität zum Konsumgut: Die Lust zu zeigen (*Exhibitionismus*) stillt die Lust zu schauen (*Voyeurismus*). Schon die Werbung – ob es nun um Automobile geht oder um Eis am Stiel – ist sexualisiert. Und ein Unternehmen, das mit Erotik-Artikeln Umsätze macht, wird an der Börse gehandelt ...
Früher mag man Sexualität allein definiert haben als ehelich (d.h. sowohl *heterosexuell* als auch *monogam*) und auf Fortpflanzung abzielend. Das »Ziel« der Sexualität, Kinder zu zeu-

gen, ist heute abgelöst worden von der »Pflicht« zum gelungenen Orgasmus – ein Auswuchs der Moderne. War früher der Sex tabu, ist es heute die Diskussion einer Sexual-Ethik. Das Geschlechtsleben entzieht sich infolge der gewachsenen sexuellen Toleranz mehr und mehr der gesellschaftlichen und rechtlichen Beurteilung und wird nur noch an privaten Normen gemessen. Erlaubt ist, »wozu man steht«.

Diese Abneigung gegen eine allgemein gültige Sexualmoral geht wahrscheinlich auf die Jahrhunderte lange Einmischung religiöser Instanzen in das Intimleben der Gläubigen zurück. Die christliche Kirche hatte sich immer schon in theologischer Reflexion und pastoraler Predigt mit den Problemen der Sexualität beschäftigt.

Doch auch die anderen Religionen – als kulturelle Systeme, die das Leben deuten und ordnen – schufen sich Regeln. Diese bezweckten vor allem Schutzmaßnahmen für die Reproduktion und die Aufzucht von Nachkommenschaft, die sich aber in konkreten Regularien, wer mit wem wann und wo verkehren durfte, äußerten. So gehören dazu folgende Bereiche:

- Frau und Mann
- Ehe, Familienformen, Scheidung
- Nachkommenschaft und Verhütung
- Ehebruch
- Prostitution
- Homosexualität
- Masturbation
- andere Formen der Sexualität
- Askese und Zölibat

Doch wäre das Verhältnis von Sexualität und Religion damit nur sehr grob und einseitig betrachtet. Für den Psychoanalytiker Carl Gustav Jung war Religion eine ebenso starke Energie im Menschen wie Sexualität (oder auch Aggression), also ein ihm innewohnender Drang. Religiöse wie sexuelle Erfahrungen beschreiben wir nicht von ungefähr mit denselben Begriffen, etwa mit »Leidenschaft«, »Ekstase«, »Verzückung« und »Seligkeit«.

Immer wieder wurde Sexualität in der Religion unter ihrem funktionellen Aspekt betrachtet. Die chinesische Weisheit beispielsweise pries den mystischen Wert der Sexualität, die allen Dingen Leben verleihe. Andernorts sollen sich in alter Zeit junge Paare im Frühling auf Feld und Acker gepaart haben, um die Kräfte der Fruchtbarkeit zu entfesseln. Gemeinschaftliche Orgien – ursprünglich verstanden als geheime Versammlungen zu Ehren einer Gottheit, die von *promisken* Riten begleitet waren – fanden unter anderem von Irland bis Griechenland statt, und auch bei Hindus, *Sufis* und christlichen Sekten. Restbestände dieser Feierlichkeiten, so lehrt die Volkskunde, fanden sich lange Zeit in Maibräuchen, Neujahrsfesten und im Karneval. Doch während früher religiöse und sexuelle Erlebnisse verschmelzen konnten, ist heute der transzendente Aspekt verloren gegangen.

Regulierter ging es bei der »Heiligen Hochzeit« zu: Der Beischlaf mit einer »*Hierodule*«, einer »heiligen Hure«, war für den Mann *realpräsente* Vereinigung mit der Göttin. Bei den Römern gab es die Vorstellung, der Tod ähnle dem Höhepunkt des Geschlechtsaktes. Dem Versuch, das Absolute durch den Vollzug des Verbotenen zu erreichen, entsprangen jene sexuellen Rituale, die Verkehr mit menstruierenden (also religiös eigentlich »unreinen«) oder sogar toten Frauen verlangten.

Aussagen, die für alle Religionen und alle Kulturen zutreffen, können nicht gemacht werden. Zu differenziert sind die Bewertungen und die Bedingungen des jeweiligen Kontextes, in dem Sexualität betrachtet wird. Auch haben sich die Sichtweisen innerhalb der religiösen Systeme mit der Zeit gewandelt. Einzig das Inzest-Verbot scheint allgegenwärtig: Eltern dürfen nicht mit ihren Kindern und die Kinder gleicher Eltern nicht untereinander sexuell verkehren.

Zwar liegt der Schwerpunkt religiöser Betrachtung der Sexualität immer wieder auf dem Zeugungsakt. Doch auch alle anderen Äußerungen wie Küssen, Streicheln, Berühren usw. finden sich in den Symbolen und Riten. Dennoch, eine strenge Verbindung von Liebe und Sexualität in den Religionen ist nicht nachweisbar, wie ja auch die Götter der Religionen nicht immer »lieb« waren.

Die *Religionswissenschaft* unterscheidet die Glaubensgemeinschaften – was den Umgang mit Sexualität angeht – nach drei Typen:

- Der einbeziehende Typus sieht in der Sexualität einen wesentlichen Zug des Religiösen (z. B. *Tantrismus, Mysterienkulte, Naturreligionen*).
- Der ausschließende Typus bejaht Sexualität zwar in einer bestimmten Ordnung, sie wird aber als unerheblich für das Verhältnis zur Gottheit eingestuft (vornehmlich in den *Universalreligionen* zu finden).
- Der antisexuelle Typus erteilt der Erotik eine generelle Absage: Sexualität wird als Hindernis für den Glauben angesehen (z. B. *Zoroastrismus, gnostische* Gemeinschaften, *Manichäismus, monastische* Richtungen).

Sexualität wurde und wird mit oder ohne religiöse Deutung und Regelung erlebt; es ist auch nicht zu bewerten, ob das eine oder das andere besser wäre. Wenn aber Sexualität als Akt der intimen Begegnung von Menschen »Kommunion« (= Gemeinschaft) zu schaffen vermag, dann ähnelt das dem Wollen der Religion, die eine Verbindung zwischen Gott und Mensch, Himmel und Erde, *Ewigkeit* und Jetztzeit herstellen will. Wie unterschiedlich sich der Mensch zu jenem verhält, was er sich in seiner Gottesvorstellung denkt, zeigt ein Text des legendären chinesischen Weisen Liä Dsi:

> *Es ist ein Zeugendes, das nicht erzeugt ist;*
> *es ist ein Wandelndes, das sich nicht wandelt.*
> *Das Unerzeugte hat Freiheit, Zeugendes zu zeugen,*
> *das Unwandelbare hat Freiheit, Wandelndes zu wandeln.*
> *Das Erzeugte muss aber notwendig weiter zeugen.*
> *Darum ist es immer im Zeugen und Wandeln begriffen.*
> *Das immer im Zeugen und Wandeln Begriffene*
> *hört niemals auf,*
> *zu zeugen und sich zu wandeln;*
> *so verhält es sich mit Licht und Finsternis,*
> *so verhält es sich mit den vier Jahreszeiten.*
> *Das Unerzeugte ist vermutlich einzig.*
> *Das Unwandelbare wallt im Unendlichen Raum hin und her,*
> *ohne dass es in seinem Pfade an eine Grenze käme. (...)*
> *Darum ist das, was alle Wesen erzeugt, unerzeugt;*
> *was alle Wesen wandelt, unwandelbar.*
> *Von ihm geht in Freiheit alles Zeugen aus,*
> *von ihm alle Wandlung, von ihm alle Form,*
> *von ihm alle Farbe,*
> *von ihm alle Erkenntnis, von ihm alle Stärke,*
> *von ihm alle Abnahme,*
> *von ihm alle Ruhe.*
> *Wollte man es aber als Zeugen, Wandlung, Form, Farbe,*
> *Erkenntnis, Stärke, Abnahme, Ruhe bezeichnen,*
> *so wäre das falsch.*

Geschlechterrollen werden definiert
Frau und Mann

Die ersten Menschen waren noch eine *bisexuelle* Einheit, sie waren »*androgyn*«, d. h. sie vereinten sowohl Frau als auch Mann in sich. Das erzählen viele Mythen der Welt. Die indischen Götter Brahma und Vischnu sind doppeltgeschlechtlich, Shiva mit Shakti-Kali werden oft links weiblich, rechts männlich dargestellt. Das chinesische Yin-Yang-Prinzip besagt, Harmonie entstehe erst im Ausgleich weiblicher und männlicher Kräfte. In persischen Schöpfungsgeschichten heißt es, das erste Menschenpaar sei in einem einzigen Körper zur Welt gekommen, bis *Ahura Mazda* sie trennte. *Prometheus* schuf *androgyne* Wesen aus Lehm; *Athene* verlieh ihnen das Leben. Dann trennte *Zeus* diese Wesen, nahm ein Stück Lehm von der Frau ab und hängte es dem Mann an. Seither hat die Frau eine blutige Öffnung, der Mann hingegen einen baumelnden Fortsatz, der sich nach dem weiblichen Körper sehnt.

Was wäre Vernunft und Nüchternheit ohne das Wissen vom Rausch, was wäre Sinneslust, wenn nicht der Tod hinter ihr stünde, und was wäre Liebe ohne die ewige Todfeindschaft der Geschlechter?

Wir dürfen annehmen, dass der Dichter Hermann Hesse (1877-1962) bei diesem Ausspruch (in: »Narziß und Goldmund«) verschmitzt lächelte. Und doch steckt viel Wahrheit in seiner Beobachtung: Die Verschiedenheit von Frau und Mann reizt, schreckt ab, macht interessant, schafft Probleme. Die körperlichen Unterschiede bestimmten und bestimmen in vielen Kulturen die Rollen der Geschlechter: Der stärkere Mann ist für Jagd und Krieg zuständig, die Frau hat sich um Nachkommen und Nahrung zu sorgen. Die weibliche Fruchtbarkeit wurde stets als Quelle des Lebens verehrt, doch in patriarchalen, also männlich dominierten Systemen wertete man die Frau dennoch systematisch ab. Zwar wurde die Frau vom Mann beschützt, aber um den Preis der Kontrolle und Unterwerfung. Noch heute, da die wissenschaftlichen Erkenntnisse über die naturgegebenen Unterschiede manches haltlose Vorurteil entkräftet haben, sind Frauen nicht in allen gesellschaftlichen Bereichen gleichberechtigt. Machtpositionen sind immer noch männlich dominiert, »Sozialberufe« werden überwiegend von Frauen ausgeübt.

Nicht gerade von »Todfeindschaft« (wie Hesse), aber vom »Kampf der Geschlechter« sprach die *feministische* Bewegung. Ihrem Bemühen, weibliche Interessen in den Mittelpunkt zu stellen, sind wertvolle Impulse zu verdanken, die auch die Männer dazu anhalten, über ihre Rolle nachzudenken.

Die unzähligen Theorien, was eigentlich den Menschen zum Menschen mache, widersprechen sich oft und können kaum vereinheitlicht werden. Einig sind sie sich jedoch weitgehend in der Feststellung, dass zum Menschen neben seinem »Geist« (oder Seele oder Verstand) auch ein Körper gehöre. Dessen schämte sich übrigens der griechische Philosoph Plotin (etwa 205-270 n. Chr.): Er wollte schon zu Erdenzeiten am liebsten reiner Geist sein, und es missfiel ihm, in einem Körper zu wohnen. Er vernachlässigte ihn, wusch und pflegte sich nicht, bis er am Ende stinkend und eiternd von seinen eifrigsten Schülern verlassen wurde.

Aber »den« Körper gibt es nicht: es gibt nur einerseits den weiblichen, andererseits den männlichen Körper. Sie unterscheiden sich, sind aber von der Natur her nicht *hierarchisch* angeordnet. Dennoch haben die männlich dominierten Gesellschaften immer dazu geneigt, den Körper der Frau für weniger vollkommen und geringerwertig als den des Mannes zu halten. Was beim Mann nach außen wachse, befinde sich bei der Frau versteckt im Innern ...

Eine philosophische Differenzierung unterscheidet zwischen »Körper haben« und »Leib sein«. Will sagen: die Heimstatt meiner Gefühle, meines Denkens und Redens ist ein Leib aus Fleisch und Blut; ein Leib, der dick oder dünn sein kann, der über Makel und Schönheiten verfügt und individuelle Kennzeichen besitzt wie die Farbe, Beschaffenheit und den Geruch der Haut usw. Es bleibt dem Einzelnen überlassen, was er seinem Leib zumutet, was er ihm Gutes tut. Der Körper aber ist vom Geschlecht determiniert. Und das Geschlecht gibt gesellschaftlich festgelegte Aufgaben und Rollen vor. Was macht die Frau zur Frau, und was den Mann zum Mann?

Zu Zeiten, da die Reflexion über diese Fragen weniger differenziert war als heute, schien die Antwort relativ einfach: Die Mitte der Frau ist die *Klitoris*. Die *Klitoris* dient nicht unmittelbar der Fortpflanzung, sondern dem Lustempfinden. Deswegen war – und ist leider immer noch – bei manchen Völkern seit Jahrtausenden die Beschneidung von Mädchen und Frauen Brauch, bei der die *Klitoris* weggeschnitten wird und die weiblichen Geschlechtsorgane in vielen Fällen noch stärker verstümmelt werden. Es gibt zur Rechtfertigung dieses Eingriffs eine Anzahl negativer Mythen, zum Beispiel, dass die *Klitoris* der Frau schmutzig oder giftig sei, dass es der Frau schade, Lust empfinden zu können und die Entfernung der *Klitoris* sie vor Versuchung bewahre, dass eine unbeschnittene Frau unfruchtbar sei, oder dass der Mann vom Verkehr mit einer unbeschnittenen Frau krank werde. Zwei Millionen Mädchen und Frauen erleiden alljährlich, vor allem in Afrika, dieses Schicksal. Jedoch erwähnt beispielsweise der Koran diesen Eingriff mit keiner Silbe. Inzwischen wird nicht nur auf nationaler, sondern auch auf internationaler Ebene gegen diese menschenrechtsverletzende Praxis vorgegangen, und statt des verharmlosenden Begriffs »weibliche Beschneidung« gebraucht man die Bezeichnung »weibliche Genitalverstümmelung«.

Auch die ganze *Vulva* als Ziel und Quelle männlicher Lust wird als bedrohlich empfunden: Wie ein Mund umschließt sie ja im Liebesakt den *Penis*. Ein Mund aber kann abbeißen, verschlingen, kastrieren. So entstand der Mythos von der »*Vagina dentata*«, dem mit Zähnen bewaffneten, alles verschlingenden weiblichen Geschlechtsorgan.

Noch größer waren die Ängste vor dem Menstruationsblut: Es könne Feldfrüchte vernichten, Eisen rosten lassen und Messer stumpf machen, glaubte man; vor allem: es mache rituell unrein. *Orthodoxe* Juden geben keiner Frau die Hand, sie könnte ja gerade menstruieren. Frauen war früher während der Periode der Eintritt in eine Kirche verboten. Und auch die Nichtzulassung von Frauen zur Priesterweihe wird mit dumpfer Furcht vor der »Entweihung des Altares« zu tun haben. Menstruierende Frauen dürfen den Koran nicht berühren.

Aber auch eine entgegengesetzte Sicht war möglich. Ein Schöpfungsmythos erzählt, aus Klumpen geronnenen Menstruationsblutes seien die ersten Menschen geformt worden. Dem Monatsblut schrieb man magische Kräfte zu und benutzte es für religiöse Riten, bei denen man es trank oder sich damit einrieb. Übrigens wurde das Blut von Jungfrauen bevorzugt. Der Geschlechtsverkehr unterlag während der Regel einem allgemeinen Tabu, wurde verschiedentlich aber auch gerade in dieser Phase angestrebt, weil man die Blutung als Zeichen besonderer Fruchtbarkeit deutete.

Das männliche Geschlechtsteil gilt vor allem im erregten Zustand als Garant von Kraft, Energie und Fruchtbarkeit. Der erigierte *Penis* – oft im Verhältnis zum Körper übertrieben vergrößert – zierte Götterstatuen und -bilder. Als mehr oder weniger offensichtliche *Phallus*symbole gelten heute noch Kirchtürme, Maibäume, Zigarren, Kanonen und Gewehre. Wenn die Sieger der Grand Prix-Autorennen Champagner aus zuvor geschüttelten Flaschen herausspritzen lassen, symbolisiert dies, auch wenn dies manchen vielleicht nicht bewusst ist, die *Ejakulation*. Umgekehrt erinnert der rheinische Brauch, am Altweiberdonnerstag den Männern die Krawatten abzuschneiden, an eine Entmannung.

Die Beschneidung der Vorhaut wird meistens religiös begründet: Gott habe es so befohlen, oder: Mohammed sei schon beschnitten zur Welt gekommen. Tatsächlich haben Wissenschaftler sich immer bemüht, hygienische Gründe anzuführen, etwa, dass die Frauen beschnittener Männer weniger Gebärmutterhalskrebs hätten als Vergleichspersonen, die mit Unbeschnittenen verkehrten. Dennoch ist der weit verbreitete Brauch damit nicht eindeutig zu klären. Der Wunsch, der Gottheit symbolisch die Männlichkeit zu opfern, mag dahinter stehen. Auch Theorien, die *masochistische* oder *sadistische* Beweggründe annehmen, werden aufgestellt: Die Beschneidung von männlichen Jugendlichen in *Naturreligionen* sei eine Imitation der Menstruation; zu Beginn der Pubertät müsse auch beim Jungen Blut fließen. Die Beschneidung könne als Ausdruck des Ärgers der älteren Stammesgenossen über die Lebenskraft der jungen gedeutet werden und sei eigentlich eine Ersatzhandlung für eine *Kastration*. Eine grausame Variante gab es in arabischen Gesellschaften: dem Knaben wurde an *Penis* und Hodensack die Haut abgezogen, die offene Wunde dann mit Sand und Salz bestreut. – Nebenbei: Die heilige Vorhaut Jesu erfuhr, wie so viele Reliquien, im Mittelalter eine wundersame Verehrung und wurde an mehreren Dutzend Orten gleichzeitig verehrt.

Vom Bewusstsein, dass die Hoden eine wesentliche Aufgabe erfüllen, zeugt der Brauch, Schwüre darauf zu leisten. Was schon im 1. Buch *Mose* (24,9) üblich war, hat sich bis heute in arabischen Ländern gehalten.

Da legte der Knecht seine Hand zwischen die Beine Abrahams und schwor ihm, alles zu tun, wie er es verlangt hatte.

Den Körper sauber zu halten, ist Sache der Hygiene. Ihn »rein« zu halten, Angelegenheit der Religion: Berührung eines Toten, Geburt, Menstruation und Koitus gelten in vielen Glaubensgemeinschaften als verunreinigende Vorgänge; diese Unreinheit schließt von der Teilnahme am Kult aus.

Der lange Weg einer Institution
Ehe und Familie, Heirat, Scheidung

Dass die *monogame* und auf Dauer angelegte Ehe ein Sonderfall der Geschichte sei, davon sind heute Anthropologen, Ethnologen, Historiker und Soziologen überzeugt. Dennoch können wir davon ausgehen, dass in allen uns bekannten Gesellschaften die Beziehungen von Frau und Mann einem Mindestmaß an Ordnung unterworfen waren und in der – wie auch immer gestalteten – Ehe eine *Institutionalisierung* erfuhren.

Grob auf einen Nenner gebracht, ist die Ehe eine Vereinigung von mindestens einer Frau und einem Mann, die füreinander Verpflichtungen und Verantwortung übernehmen. Die Ehe ist gesellschaftlich anerkannt, aber auch gesteuert. Sie dient der Zeugung und Erziehung der nachfolgenden Generation. Durch die Eheschließung wird nicht nur ein Paar vermählt; auch dessen Herkunftsfamilien treten in eine neue Art der Beziehung. Die Ehe an sich ist nicht automatisch ein religiöser Tatbestand, doch die Religionen spielen in der Regel eine nicht unerhebliche Rolle in diesem breiten Themenbereich. Sie wollen mitbestimmen bei:

- Partnerwahl: Wer darf wen heiraten?
- Beginn und Beendigung der Ehe: Eheschließungs- und, sofern möglich, Scheidungszeremonien
- Ehezweck: z. B. Legitimierung von Sexualität, Zeugung von Nachkommenschaft, gegenseitige Unterstützung der Ehegatten.

Während das frühe Christentum der Ehe kritisch bis ablehnend gegenüberstand, waren in anderen Religionen sogar die Götterwelten wie Familien organisiert: In Griechenland, Rom und Germanien beispielsweise heirateten die Götter, zeugten Kinder, liebten und hassten sich. Das Judentum gab der Familie einen geradezu sakralen Sinn, das Christentum sieht hingegen die Gemeinschaft der Kirche als wahre Familie, in der alle einander Schwester und Bruder sind. Eine *hierarchische* Ordnung der Familie, in der der Mann dem Herrn, die Frau der Sklavin gleicht, kann einem religiösen Deutungsmuster folgen: sie bilde dann das Verhältnis des Menschen zu Gott ab. In den mystischen Zweigen der Glaubensgemeinschaften wird die Ehe (und ihr »Vollzug« im Beischlaf) oft als Metapher der Verschmelzung mit Gott benutzt.

Die Eheschließung ist gewöhnlich ein formeller und ritualisierter Akt. Dabei steigt der betriebene Aufwand Untersuchungen zufolge mit der Höhe der bei der Hochzeit übertragenen Güter. Die *feministische* Kritik bezieht sich auch auf die patriarchale Gewohnheit, dass der Mann durch die Ehe den Wohlstand der Frau einheimst.

Zeichenbefragung und Astrologie können den rechten Hochzeitstermin festlegen. Denn für einen solch gravierenden Akt sind nicht alle Tage gleich geeignet. Manche Religionen legen vorzugsweise Negativdaten fest: an Feier- oder Fasttagen darf dann nicht geheiratet werden.

Die Bandbreite der Feierlichkeiten reicht vom mehrtägigen Fest (mit blutigen Opfern in alter Zeit) bis zum schweigenden Aufeinanderzugehen von Braut und Bräutigam, wie es die *Quäker* praktizieren. Das gemeinsame Mahl nach dem Vermählungsritus bindet auch die Herkunftsfamilien aneinander. Sofern die Ehe einen neuen gesellschaftlichen Stellenwert vermittelt, stellt sie einen *Passageritus* dar: Wer einmal geheiratet hat, kann nie mehr unverheiratet sein, höchstens geschieden oder verwitwet. In bestimmten Eheformen ist ein Ortswechsel der Frau oder des Mannes vorgesehen. Allen Versuchen religiöser Einflussnahme zum Trotz hat die Ehe doch immer eigenen Gesetzen gehorcht und sich Vorschriften der Religionen nur teilweise angepasst.

Die *Institution* Ehe hat einen weiten Weg hinter sich, angefangen vom Beginn der Menschheit in grauer Vorzeit, in der (wahrscheinlich) *Promiskuität* herrschte, bis zur Auflösung der *monogamen* Ehe in der Moderne, in der auch die Religion als formende Kraft nachlässt. Insofern würde sich der Kreis schließen.

Die Theorien über die historische Entwicklung von Ehe und Familie sind vielfältig. Eine lautet: Aus der *Promiskuität* entwickelte sich das Matriarchat und daraus dann das Patriarchat. Eine andere: nicht die Familie entstand aus der Ehe, sondern die Ehe aus der Familie. Eine dritte: ursprünglich war die Ehe ein Tauschprozess zwischen zwei Gruppen. Was wir über die verschiedenen Entwicklungsstufen der Ehe wissen, ist nicht immer überwunden und durch ein anderes System ersetzt. Verschiedene Entwicklungsstufen existieren heute nebeneinander und ansatzweise sind einzelne Elemente in weiterentwickelten Ehenormen verblieben.

In matriarchalen Religionsformen verehrte man eine Muttergottheit, die aus sich heraus Leben gebiert – also ohne das Zutun eines Mannes. In dieser Entwicklungsstufe des *homo sapiens* ist das Wissen um die gemeinsame Zeugung des Nachwuchses durch Frau und Mann noch nicht gegeben. Das generative Werk, Kinder zu gebären, wird für einen Akt autonomer weiblicher Schöpferkraft gehalten. Wir gehen davon aus, dass in dieser Periode Ehe und Familie nebeneinander existierten und nicht in Zusammenhang gebracht wurden. Lustgewinn durch Sexualität und das Sorgen für die Nachkommenschaft waren getrennte Bereiche. Die Familien waren »matrilinear«, d. h. nur die Linie der Mutter bestimmte die Blutsverwandtschaft.

Die Initiative zum Zeugungsakt geht dabei von der Frau aus. Der Mann kann besuchsweise kommen oder zur Familie der Frau ziehen, spielt aber nur als Sexualpartner eine Rolle. Die Familie der Mutter zieht die Kinder groß; der Bruder der Mutter sorgt für sie. Wir sprechen bei dieser Form von der »matrilinearen Paarungsehe«.

Später, als man um die Mitwirkung des Mannes an der Zeugung von Nachkommen weiß, erwartet man in der Ehe gemeinsame Kinder. Diese Form der Beziehung nennen wir »matrilineare Elternehe«. Mit der Zeit verschieben sich die Verhältnisse und es entwickelt sich daraus die »patrilinearen Elternehe«. Nun scheidet die Frau aus ihrer Herkunftsfamilie aus und zieht in die Familie des Mannes. Von ihm geht die Initiative aus. Die Frau hat bis zur Hochzeit den Status einer Jungfrau zu bewahren, wofür der Brautvater die Verantwortung trägt. Die *Defloration* ist das besondere Recht des Bräutigams; manchmal kam dieses Recht auch dem Fürsten zu. Im Patriarchat ist das Kind nur Mitglied der Vaterfamilie; die Geburt des ersten Sohnes wird besonders gefeiert: er ist der Stammhalter. Die Rolle der Frau degeneriert zur Untergebenen: Als Kind hat sie sich dem Willen ihres Vaters zu unterwerfen, als Frau ihrem Mann zu beugen, als Witwe ihren Söhnen zu gehorchen.

Am Ende dieser Entwicklung steht die »bilineare Elternehe«: Das Kind wird sowohl Mitglied in der Familie der Mutter wie der Familie des Vaters. Die Eheleute sind in der Wahl des gemeinsamen Wohnortes frei. Das bedeutet meist die Reduzierung der Bedeutung der Herkunftsfamilie, sprich: die soziale

Beziehung der neuen Eltern-Kind-Familie zur Verwandtschaft mütter- und väterlicherseits nimmt ab.

Gesellschaftlich, oft religiös, ist definiert, aus welchen Gruppen Ehepartner ausgewählt werden dürfen oder gar müssen und aus welchen ausdrücklich nicht. »Endogamie« bedeutet: dieser Gruppe muss der Partner angehören; »Exogamie«: dieser Gruppe darf er nicht angehören. Oft treten diese beiden Ge- und Verbote kombiniert auf. In *Naturreligionen* beispielsweise muss der Partner dem Stamm (endogen), darf aber nicht dem Klan (exogen) angehören. Oder: Ein Christ darf seinen Partner nicht aus der eigenen Verwandtschaft (exogen), sollte ihn aber aus der gleichen Konfession (endogen) auswählen. Eine muslimische Frau darf nur einen Mann ihrer Religion heiraten, ein muslimischer Mann hingegen auch eine Jüdin oder Christin, denn der Mann gibt nach patriarchalem Muster den Islam weiter.

Geregelt ist ferner, wie viele Ehepartner erlaubt sind. Nach der (»ehelosen«) Phase der *Promiskuität* hat wahrscheinlich *Polygamie* dominiert. Dabei konnten, je nach Kultur, die Männer mehrere Frauen haben, aber auch die Frauen mehr als einen Mann. Auch bei erlaubter Vielehe hat jedoch die Einehe vorgeherrscht: Denn mehrere Gattinnen oder Gatten zu haben war mit Auflagen verbunden, vor allem Unterhaltsansprüchen, denen nicht jeder gerecht werden konnte.

Die Ehe war anfänglich wahrscheinlich nicht auf lebenslange Dauer angelegt, doch schon seit der Antike galt Dauerhaftigkeit in verschiedensten Kulturen als Ideal. Diesem Ideal zum Trotz hat es aber auch immer schon die Auflösung der Ehe gegeben: die Scheidung. Wie sie zu handhaben sei, unterlag komplizierten, ausgeklügelten Vorschriften. Diese betrafen vor allem die Aufteilung von Besitz bzw. die Rückzahlung der *Mitgift*. Die in der Ehe geborenen Kinder verblieben in matrilinearen Beziehungen bei der Mutter, in patrilinearen beim Vater; im vorchristlichen Irland, das ein ausgefeiltes Eherecht hatte, kamen in der Regel die Söhne zum Vater und die Töchter zur Mutter. In modernen, bilinearen Beziehungen ist es Sache der Eltern (bzw. der Gerichte), darüber zu entscheiden, wo die Kinder leben.

Wir stehen heute am Ende eines Prozesses, der Eheschließung oder auch Scheidung als vollkommen individuelle Angelegenheiten bewertet, die keine anderen sozialen Beziehungen berühren und höchstens ökonomische Konsequenzen haben. Die Religionen hingegen betrachten die Scheidung mindestens mit Bedauern. Sie ist verpönt und wird teilweise als schuldhaftes Versagen der Eheleute gebrandmarkt.

Nicht jeder Akt ist zeugungsoffen
Geburtenregelung

In vielen Gesellschaften gilt als gesellschaftlicher Konsens (manchmal, aber nicht unbedingt, religiös begründet), dass Sexualität nicht erlaubt ist:

- während der Schwangerschaft,
- während der Stillzeit,
- während der Menstruation.

Zumindest mit dem Beischlafverbot während der mitunter jahrelangen Stillphase ist eine gewisse Geburtenkontrolle gegeben. Sie dient der Entlastung der Mutter, die nicht durch eine neue Schwangerschaft belastet werden soll.

Kritisch sieht vor allem das katholische Christentum die Empfängnisverhütung, durch die bewusst sexuelle Lust und Zeugung voneinander getrennt werden. Der Moralkodex sieht grundsätzlich als notwendig an, dass jeder Geschlechtsverkehr die Zeugung von Nachkommen ermöglicht. Andere Religionen sind in der Regel offener gegenüber der Frage der Verhütung, oder sie stellen sie prinzipiell den Eheleuten anheim. Jedenfalls stellt sich das Problem nicht erst seit der Erfindung *oraler Ovulationshemmer* (»Pille«) in den sechziger Jahren des 20. Jahrhunderts; bereits die Antike kannte die verhütende Wirkung von Vaginalschwämmchen oder Kondomen aus Tierdarm.

Auch die Abtreibung wurde gemeinhin zu den Methoden der Geburtenregelung gezählt. Schon im alten Griechenland war sie bekannt, wurde durch Drogen vollzogen und generell als

Angelegenheit der Frauen betrachtet. Eine Einmischung religiöser Instanzen schien unvorstellbar.

Im Christentum wurde die Abtreibung schon früh als sündhaft verdammt, weil nach Thomas von Aquin (1225-1274) das Sperma »Gefährt der Seele« sei, somit also ein beseeltes Wesen getötet würde. Im alten Indien herrschte die Vorstellung, der Fötus werde erst im fünften Monat beseelt; bis dahin war der Schwangerschaftsabbruch frei. Als staatlich geahndetes Verbrechen wurde die Abtreibung in Europa erst im 19. Jahrhundert strafrechtlich verfolgt. Ob ethische Gründe dafür verantwortlich sind oder politische – industrielle Revolution, nationalstaatliche Expansion und Kolonialismus verlangten gleichermaßen nach »Menschenmaterial« –, oder die männliche Angst vor weiblicher *Promiskuität*, sei dahingestellt.

Auf einen Seitenaspekt sei noch hingewiesen: Während sich Frauen stets Gedanken darüber machten, wie sie eine unerwünschte Schwangerschaft verhindern oder abbrechen könnten, wurde in patriarchalen Mythen und Ritualen immer wieder thematisiert, wie ein Mann gebären könne. Mancher Gott oder *Heros* brachte Kinder zur Welt. Mangels *Vagina* geschah es durch den *Penis*, den Mund, den Oberschenkel, die Achselhöhle, durch Kaiserschnitt, die unbestimmte »Seite« oder, wie bei Adam, aus einer Rippe. In *Naturreligionen* wurden und werden Jungen bei der *Initiation* von den alten Männern des Klans während der Zeremonie mit eigenem Blut oder dem eines Stiers bespritzt. Sie gelten damit als neu- – und eigentlich erst richtig – geboren: von den Männern.

Verboten, aber praktiziert
Sexualität außerhalb der Ehe

Ehebruch wird in den Religionen im Allgemeinen streng verurteilt, jedoch unterscheiden sich die Definitionen, wann ein Ehebruch vorliegt.

Die Verdammung des Ehebruchs beruht auf der Vorstellung, durch ihn gerate die verlässliche Rollenverteilung in der Gesellschaft ins Wanken: Sexualität gehört in die Ehe, vor allem auch, damit die Vaterschaft der Nachkommen eindeutig bleibt. Der Aspekt des Vertrauensbruches ist eher eine moderne Auslegung.

Unterschiedlich beurteilt wurde beispielsweise, ob der Mann fremdging oder die Frau. In patriarchalen Systemen galt die Frau als Besitz des Mannes; ihr war der Ehebruch unter strengen Strafandrohungen verboten, während dem Mann dies gestattet war (es zumindest geduldet wurde). Nicht als eigentlicher Ehebruch – weil in keine Ehe »eingebrochen« wurde – galt beispielsweise das Aufsuchen einer Prostituierten.

Prostitution ist ein Beruf mit langer Tradition. Die Dirnen wurden in alter Zeit hoch geschätzt. Ihr sozialer Abstieg im Laufe der Zeit war gravierend, wenngleich ihre Dienste sich nach wie vor großer Beliebtheit erfreuen. Thomas von Aquin missbilligte wie viele andere Theologen die käufliche Sexualität, meinte jedoch, sie sei immer noch der Homosexualität und der *Sodomie* vorzuziehen.

In der gesellschaftlichen Bewertung einen umgekehrten Weg nahm die Vergewaltigung. Die Römer bestraften Vergewaltiger mit dem Tod, ebenso die Zigeuner und Hindus. Die Germanen schnitten ihnen die Hoden ab und stachen ihnen die

Augen aus. Im alten byzantinischen Reich fiel das Erbe des hingerichteten Täters dem vergewaltigten Opfer zu.

Mit der Zeit nahm aber die Tolerierung der Vergewaltigung zu. So wurden die Sabinerinnen ja nicht »geraubt«, wie der gebräuchliche Ausdruck beschönigend verschleiert, sondern vergewaltigt. Sexueller Gewalt leistete auch Vorschub, dass man das Alter, in dem Mädchen frei bestimmen können, mit wem sie sexuell verkehren wollen (»Konsensalter«), extrem niedrig ansetzte: es betrug noch im Mittelalter sechs bis zehn Jahre. Kinder also hatten theoretisch, nicht jedoch praktisch das Recht, frei zu bestimmen, mit wem sie schlafen wollen. Bis 1884 konnten in England Frauen mit Gefängnis bestraft werden, die sich ihrem Gatten verweigerten.

Der Zwang zu sexuellen Handlungen geht vom Mann aus. Von der Einstufung als Kavaliersdelikt bis zur Bestrafung der Vergewaltigung auch in der Ehe oder von Prostituierten war es ein weiter Weg. Die Tat an sich war religiös nie gerechtfertigt, aber oft geduldet.

Von ganz anderem Stellenwert, religiös aber auch oft unter der Kategorie »unerlaubte Sexualität« eingestuft, ist die Selbstbefriedigung.

Jehuda [= Gott] sprach zu Onan:
Geh ein zum Weib deines Bruders,
vollziehe die Schwagerehe an ihr
und lasse deinem Bruder Samen erstehen!
Onan aber wusste, dass nicht ihm der Samen gehören werde,
so geschahs, ging ein zum Weib seines Bruders,
verderbte ers zur Erde,
um seinem Bruder keinen Samen zu geben.
In SEINEN Augen war arg, was er tat,
und er ließ auch ihn sterben.

Was *Martin Buber* über Onan verdeutlicht, findet sich im ersten Buch der Bibel (1. *Mose* 38,4-10). Nach dem Gesetz hatte Onan die Pflicht, anstelle seines verstorbenen Bruders mit dessen Witwe Tamar Kinder zu zeugen. Der erste Sohn aus dieser Beziehung hätte als legitimer Sohn seines Bruders gegolten. Onan aber – der übrigens nur an dieser einen Stelle in der Bibel erwähnt wird – verweigerte sich, wahrscheinlich, weil es eben rechtlich nicht als sein eigenes Kind gegolten hätte. Seine praktizierte Methode der Empfängnisverhütung war offensichtlich der *coitus interruptus*: »Jedes Mal, wenn er mit Tamar schlief, ließ er seinen Samen zur Erde fallen«, heißt es in einer modernen Übersetzung.

Was er tat, war nach israelitischem Denken doppelt verwerflich: Erstens widersetzte er sich einer heiligen Tradition, der göttlichen Weisung! Zweitens vernichtete er Leben, da nach damaligem Denken im Sperma bereits der ganze Mensch »angelegt« war und nur noch in der Frau fertig reifen musste. Dass für eine Zeugung eine weibliche Eizelle notwendig ist, war noch nicht erkannt worden.

Männlichen Samen zu vergeuden und nicht zur Zeugung zu nutzen, das war Onans Schuld. Dennoch ist sein Name zu Unrecht für die Bezeichnung der Selbstbefriedigung benutzt worden: genau genommen hat er ja nicht onaniert. Der heute eher gebräuchliche Begriff »Masturbation« leitet sich nach einer Volkserklärung aus dem lateinischen »manu stuprare« ab, was etwa bedeutet: »mit der Hand schänden«. Diese begriffliche Herleitung deutet bereits an, dass die Selbstbefriedigung in Kulturen, die Sexualität nur in der Ehe guthießen, als unreine Handlung angesehen wurde. Das Negative an ihr war die auf reine Lust abzielende Tat, der der Wille zur Zeugung abgeht. Jene Religionen, die erotischen Symbolen gegenüber offen sind, scheint ein Kommentar zur Selbstbefriedigung kein Thema zu sein: Kaum ein Wort wird darüber verloren.

Neueren Untersuchungen zufolge ist Selbstbefriedigung ein weit verbreitetes Phänomen: Bei beiden Geschlechtern – wenn auch mehr bei Männern als Frauen –, in allen Altersstufen – häufig als erste sexuelle Erfahrung – und in allen sozialen Schichten wird sie praktiziert. Und das anscheinend nicht nur bei längerer Abwesenheit vom Sexualpartner, sondern auch innerhalb von Partnerschaften. In Ausnahmefällen kann bei jenen, die einzig der Selbstbefriedigung nachgehen, eine Unfähigkeit vorliegen, Beziehungen zu unterhalten.

Andere Begriffe wie »Ipsismus« (von ipse = selbst, für sich) oder »Monosexualität« (von monos = eins) haben sich nicht durchsetzen können. Dafür haben die Drohungen der christlichen Erbauungsliteratur vergangener Zeiten ihre Schrecken verloren.

Hier gepriesen, dort verdammt
Homosexualität

... doch ich, auf den Kissen weich lagernd, breit die Glieder ...

... doch Eros zerwühlte mir das Gemüt, wie ein Wind vom Gebirg in die Eiche fällt ...

Nicht viel ist vom Werk der schönen *Sappho* überliefert. Sie lebte auf der Insel *Lesbos*, die von den Amazonen eingenommen und zur »Insel der Frauen« gemacht worden war. *Lesbos* soll im 6. vorchristlichen Jahrhundert von Frauen regiert worden sein. *Aphrodite* und *Artemis* wurden verehrt, die Anmut gepflegt. Sie äußerte sich in den schönen Künsten der Musik, der Kunst, des Tanzes, der Poesie, der Philosophie und der romantischen Liebe, weshalb die gleichgeschlechtliche Liebe zwischen Frauen lesbische Liebe genannt wird.

Dass Frauen Frauen lieben und Männer Männer, ist also keine Eigenart der Neuzeit. Im alten Griechenland wurde die Ehe von gebildeten Männern als lästige Pflicht betrachtet, um Nachkommen zu zeugen. Erotik erlebte man mit gleichgeschlechtlichen Partnern. Der in unseren Tagen verwendete – und von Homosexuellen häufig selbst benutzte – Ausdruck »schwul« leitet sich aus dem Niederdeutschen ab: Es ist eine ältere Variante von »schwül« und meint in der Bedeutungsübertragung ursprünglich etwa »warmer Bruder«.

Die Einstellungen der Religionen zur Homosexualität sind unterschiedlich. Im Allgemeinen wird sie als abnormal zumindest verpönt, wenn nicht verdammt. Unterschiedlich wird aber die gleichgeschlechtliche Liebe von Frauen und Männern beurteilt. Männer unterliegen strengeren moralischen Weisungen als Frauen, denn Männer können *penetrieren*; Sexualität unter Frauen scheint dagegen »harmloser«. Dahinter mag sich die längst überholte Vorstellung verbergen, der Mann sei der eigentlich Zeugende, der sich seiner Aufgabe versagt.

Moderater, aber nicht wirklichkeitsnäher, scheint die Einstellung, nicht die homosexuelle Veranlagung an sich, wohl aber entsprechende Handlungen seien zu verurteilen. Nur Enthaltsamkeit käme dann in Frage.

Es gilt: Religionen, die Sexualität nur zeugungsoffen in der Ehe gestatten, können gleichgeschlechtliche Sexualität nicht gutheißen, da diese naturgemäß nicht für die Zeugung von Nachkommenschaft geeignet ist. Zu beobachten ist allerdings, dass die Glaubensgemeinschaften heutzutage, sofern sie an der offiziellen Lehre festhalten, Homosexualität zwar nicht als gleichrangig mit der Heterosexualität ansehen, in der Praxis aber Lesben und Schwule tolerieren.

Verzicht als Gewinn
Askese

Die Priester der alten Israeliten mussten verheiratet sein; für *Brahmanen* gilt das noch heute. Ohne Ehefrau konnte ein Mann nicht oberster römischer Priester werden; er verlor sein Amt, wenn die Frau ihn verließ oder starb. Dies geschah nicht, weil für die Ausübung solcher Ämter sexuelle Aktivität gefordert wird, sondern weil diese Gesellschaftsordnungen die Ehe als selbstverständlich ansahen.

Andere Kulturen betrachteten die Sexualität argwöhnisch und gelangten so zu einer Ablehnung der Ehe.

> *Die göttliche Obsession vertreibt die irdische Liebe. Man kann nicht gleichzeitig eine Frau und Gott leidenschaftlich lieben. Die Verquickung von zwei unerbittlichen erotischen Kräften ruft eine nie endende Pendelbewegung hervor. Eine Frau kann uns vor Gott retten, sowie Gott uns vor allen Frauen retten kann.*
> *(aus: Emile Cioran: Von Tränen und von Heiligen. Frankfurt a. M. 1988.)*

Diese Provokation stammt von Emile Cioran (1911-1995), einem rumänischen Philosophen, der die Welt für verfehlt hielt und übrigens ein leidenschaftlicher Kritiker der Religion war. Für manche religiösen Systeme scheint seine Analyse zuzutreffen: Die *Manichäer* forderten die Aufgabe jeglicher sexuellen Beziehungen und Aktivitäten. Mönche und Nonnen aller Religionen definieren sich ebenfalls über dauerhafte sexuelle Enthaltsamkeit. Katholische Priester und die Priesterinnen des *Vestatempels* in

Rom, auch die Seherin des *Orakels von Delphi*: für sie galt (bzw. gilt) der Zölibat und die Jungfräulichkeit. Wenigstens zeitweiligen Verzicht auf Geschlechtsverkehr fordern die Religionen an Fast- und Trauertagen, vor bestimmten Festen oder Ritualen. Extremster Ausdruck des Willens zur dauernden Enthaltsamkeit dürfte die *Kastration* sein. Der ägyptische Sonnengott Ra kastrierte sich selbst. Einem indischen Mythos nach wurde der *Penis* des Gottes Mahaveda von Priesterinnen in Stücke gehauen; diese Teile brachten neue Menschenrassen hervor. Der aztekische Gott Quetzalcoatl schnitt sich nach einer Feuerkatastrophe selbst seinen *Penis* ab; durch sein Blut entstanden die Menschen neu, es machte die Felder wieder fruchtbar. Den griechischen »Vater im Himmel« Uranos entmannte sein eigener Sohn, Kronos. Er warf die *Genitalien* ins Meer, woraus *Aphrodite* entstand.

Psychologische Erklärungsmodelle gehen davon aus, dass sich die Männer, ehe ihnen ihr Beitrag zur Fortpflanzung bekannt war, durch *Kastration* selbst zu Frauen machen wollten. Die zeremonielle Entmannung bescherte ihnen statt einer *Vagina* ein blutendes Loch, aber gebären konnten sie dadurch trotzdem nicht. Freuds These des weiblichen *Penisneids* müsste also umgeschrieben werden in einen männlichen »Vaginaneid«.

Den Charakter der Strafe trug die *Kastration* im rituellen Verzehr des Gliedes des erlegten Gegners; auch Opfertiere wurden vor der Verbrennung kastriert. Gewaltsam raubte man dem Abt *Peter Abaelard* als Sühne für seine sexuellen Vergehen sein Geschlecht. Mehr oder minder freiwilliges Opfer stellte die *Kastration* bei den Priestern von *Attis und Kybele* dar, die entmannt wurden und ihre *Genitalien* als heiliges Opfer darbrachten. Auch Origines war überzeugt, Gott einen sakralen Dienst zu erweisen, als er sich entmannte, um dem sexuellen Trieb ein Ende zu bereiten. Als eine symbolische Form der *Kastration* kann auch die Beschneidung gedeutet werden.

Erotik ist nicht gleich Liebe
Sexualität als Teil des Lebens

Die Forschung kann Sexualität historisch, *ethnologisch* oder naturwissenschaftlich zu ergründen versuchen: warum man sich beispielsweise in der einen Kultur küsst und sich umarmt (Nachahmung des frühen Mutter-Kind-Verhältnisses, bei dem von Mund zu Mund gefüttert wurde?), in anderen hingegen nicht. In Asien war das Küssen früher unbekannt, Indios und Eskimos drücken Zuneigung durch Aneinanderreiben der Nasen aus – so zieht man den Atem des Geliebten ein.

Sexualität gehört grundlegend zum Menschsein, deswegen wird sie auch immer ein Thema der Religion sein. Als Relikte eines vorwissenschaftlichen Zeitalters sind Mythen aber heute nicht mehr geeignet, die Welt zu erklären; sie können trotzdem immer noch helfen, den Sinn wichtiger Themen zu erschließen.

Die Hormonausschüttungen, die *physiologisch* den Sexualtrieb auslösen, lassen sich nachweisen und nachmessen. Aber dass Paarungsverhalten auch lust- und liebevoll sein kann, wird dadurch nicht begründet. Für die Fortpflanzung allein ist dies nicht notwendig, der bloße Befruchtungsvorgang reicht aus. Die Verbindung von Liebe und Sexualität ist also nicht zwingend. Die Glaubenslehren weisen aber stets darauf hin, dass Sex mehr sein muss als Triebbefriedigung: er solle der Fortpflanzung dienlich sein, sei Metapher der Vereinigung mit dem Göttlichen, aber auch leidenschaftlicher Ausdruck der Zuneigung zweier Menschen. Über Nächstenliebe und Erotik schreibt *Erich Fromm*:

Ihrem Wesen nach sind alle Menschen gleich. Wir alle sind Teil des einen; wir alle sind das Eine. Deshalb sollte es eigentlich keinen Unterschied machen, wen ich liebe. Die Liebe sollte im Wesentlichen ein Akt des Willens, des Entschlusses sein, mein Leben völlig an das eines anderen Menschen zu binden. (...)
Wir alle sind eins – und trotzdem ist jeder von uns ein einzigartiges nicht wiederholbares Wesen. In unserer Beziehung zu anderen wiederholt sich das gleiche Paradoxon. Insofern wir alle eins sind, können wir jeden auf die gleiche Weise im Sinne der Nächstenliebe lieben. Aber insofern wir auch alle von einander verschieden sind, setzt die erotische Liebe gewisse spezifische, höchst individuelle Elemente voraus, wie sie nur zwischen gewissen Menschen und keineswegs zwischen allen zu finden sind. So sind beide Auffassungen richtig, die Ansicht, dass die erotische Liebe eine völlig individuelle Anziehung, etwas Einzigartiges zwischen zwei bestimmten Personen ist, wie auch die andere Meinung, dass sie nichts ist als ein reiner Willensakt.
(aus: Erich Fromm: Die Kunst des Liebens. Stuttgart 1956)

Judentum

Glaube an Gott, der sich offenbart
Die Religion

Der Begriff »Judentum« meint zum einen die Zugehörigkeit zu einem Volk, zum anderen die Zugehörigkeit zu einer Religion. Diese Zugehörigkeiten waren am Anfang identisch. Das Judentum ist aus dem Volk Israel hervorgegangen. Dort bildeten religiöse Praxis und weltliches Leben eine Einheit. Es gab keinen Unterschied zwischen religiösem und weltlichem Bereich. Bis heute gilt das Ideal, das ganze Leben auf der Grundlage der »Tora« zu regeln. Der Begriff »Tora« ist etwa mit »Weisung« zu übersetzen.

Im Judentum können verschiedene Dinge mit »Tora« bezeichnet werden: die fünf Bücher *Mose* oder das jüdische Gesetz. In der jüdischen Religion gibt es eine Reihe von Vorschriften, die regeln, was Juden tun und lassen sollen. Diese Gebote und Verbote werden kurz auch »das Gesetz« genannt. Das Gesetz zu beachten ist nicht nur religiöse Pflicht, es gilt den Juden als Weg, das Volk zusammenzuhalten. Viele Kommentare zur Tora finden sich im Talmud, in der schriftlichen und mündlichen Überlieferung.

Die Hebräische Bibel, die von den Christen als »Altes Testament« verehrt wird, erzählt von einem Ringkampf Jakobs mit einem Engel Gottes *(1. Mose 32,25)*. Daraufhin wird Jakob »Israel« gerufen, was auf Hebräisch »Gott wird streiten« bedeutet. Jakob hatte zwölf Söhne, aus denen die zwölf Stämme Israels hervorgingen. Einer hieß Juda, daher kommt das Wort »Juden«. Die Nachkommen Jakobs wurden schließlich das »Volk Israel« genannt, ihr Land das »Land Israel«.

Der babylonische König Nebukadnezar zerstörte im Jahre 586

vor unserer Zeitrechnung die Hauptstadt Jerusalem und ließ die Oberschicht der Israeliten in sein Reich deportieren. Nach der Heimkehr aus dem Babylonischen Exil (oder, wie man auch sagt: der Babylonischen Gefangenschaft) im Jahre 538 v. Chr., die der Perserkönig Cyrus gestattete, spricht man vom Volk der Juden.

Wichtigster Inhalt des jüdischen Glaubens ist das Bekenntnis zu dem Einen Gott (Monotheismus). Die Juden sprechen seinen Namen aus Ehrfurcht nicht aus. Wenn in der Bibel die vier hebräischen Buchstaben stehen, die seinen Namen markieren – »JHWH« (das so genannte Tetragramm) –, sagen sie stattdessen »Adonai« (»Herr«), »Ewiger« oder »Ha-Schem« (»der Name«). Eine Übersetzung des Gottesnamens ist schwierig, vielleicht bedeutet er: »Ich bin da« oder »Ich bin der ich bin«. JHWH wird wahrscheinlich »Jahwe«, und nicht »Jehowa« ausgesprochen.

Dieser Gott hat die Welt erschaffen und den Menschen die Tora gegeben, damit sie so leben sollen, wie es ihm gefällt und wie es für sein Volk gut ist. Ziel jüdischen Glaubens ist, die Tora zu heiligen, zu ehren und im alltäglichen Leben umzusetzen. Gott hat alle Völker der Welt in seinen Dienst gerufen; dem Volk der Juden jedoch übertrug er die besondere Verantwortung, die Tora zu erfüllen. Dafür hat sich Gott durch Bundesschlüsse an sein Volk gebunden. Wenn die Hebräische Bibel von »Bundesschlüssen« des Einen Gottes mit seinem Volk erzählt – beispielsweise mit *Noah*, *Abraham* oder *Mose* –, dann sind damit feierliche Treueversprechen gemeint, die auf der Grundlage gegenseitigen Vertrauens und der Verantwortung gegeben würden. Gott bietet Schutz und Nähe an und erwartet dafür Gehorsam.

Für das Volk Israel offenbart sich Gott in der Geschichte. Herausragendes Beispiel ist der »Auszug aus Ägypten«, der so genannte »Exodus«. Vom Auszug der Israeliten aus ägyptischer Gefangenschaft in Richtung Osten erzählt das 2. Buch *Mose*. Trotz großer Hindernisse gelang die Flucht, was die Israeliten als Gottes Eingreifen verstanden. Am *Sinai* schloss Gott mit ihnen einen Bund und gab ihnen die Zehn Gebote. Noch heute gedenken die Juden des Exodus, wenn sie *Pessach* (das Passa-Fest) feiern. Aber auch die anderen Festtage im Jahr vergegenwärtigen die großen Taten Gottes. Der wöchentliche Feiertag ist der »Schabbat«, der am Freitagabend mit dem Sonnenuntergang beginnt und am Samstagabend endet. Er ist der siebte Tag der Woche, an dem Gott nach Erschaffung der Welt ruhte. In der Versammlungsstätte der Juden, der Synagoge, wird aus der Tora vorgelesen.

Die Hebräische Bibel ist die Heilige Schrift der Juden. In den beiden Jahrhunderten um die Zeitenwende wurden die zum Teil tausend Jahre älteren Texte gesammelt und zusammengestellt. Die Bücher lassen sich in drei Gruppen einteilen: die Tora im engeren Sinn (das sind die fünf Bücher *Mose*), die prophetischen Bücher, und die als »Schriften« bezeichnete religiöse Literatur (Psalmen, Sprüche, Hiob, Hohelied u. a.). Die Bibel (griechisch für »Buch«) ist eine Sammlung ganz verschiedenartiger Texte. Glaubenszeugnisse, religiöse Betrachtungen, Gebete, Erzählungen, Gedichte, Lieder, Geschichtswerke, Anweisungen für den Gottesdienst und das alltägliche Leben finden sich darin. Viele verschiedene Autoren haben an der Bibel mitgeschrieben. Für Juden kommt Gott in der Bibel zu Wort.

Das ganze Leben eines Gläubigen wird begleitet von rituellen Beteuerungen der Zugehörigkeit zu seinem Volk: Männliche Neugeborene werden zum Zeichen der Bundestreue beschnitten. Jungen nach dem dreizehnten Geburtstag und Mädchen nach dem zwölften werden zum »Sohn des Gesetzes«, auf Hebräisch »Bar Mizwa«, bzw. zur »Tochter des Gesetzes«, »Bat

Mizwa«. Sie nehmen damit alle Rechte und Pflichten eines religionsmündigen Juden bzw. einer Jüdin auf sich. Die Eheschließung wie auch das Begräbnis sind von religiösem Brauchtum bestimmt. Täglich wird das »Schma Israel« gebetet: »Höre, Israel, JHWH (der Herr), unser Gott, JHWH (der Herr) ist einzig!«

Die Interpretation des Glaubens sieht in den verschiedenen jüdischen Gruppierungen unterschiedlich aus: Die *Orthodoxen* (»Rechtgläubigen«) berufen sich auf die wortwörtliche Auslegung der Tradition, die Reformer bemühen sich um Anpassung an die Moderne, die Konservativen wollen einen Mittelweg gehen zwischen Festhalten an der Überlieferung und Zugeständnissen an die Umgebung. Heute gibt es Juden auf der ganzen Welt: Sie besitzen meistens die Staatsangehörigkeit ihrer Heimatländer und gehören doch zum Volk Israel.

Das Judentum ist in seiner Geschichte immer wieder Ziel von Anfeindungen und Unterdrückung gewesen. Die Verfolgungen reichen von der Antike über die mittelalterlichen Kreuzzüge und den christlichen Antijudaismus bis zum modernen Antisemitismus. Ein tragischer Höhepunkt wurde in den Vernichtungslagern der Nationalsozialisten erreicht, die Millionen Juden ermordeten. Der dafür gebräuchliche Begriff »Holocaust« kommt aus dem Griechischen und heißt übersetzt: »vollständige Verbrennung« (nämlich des Brandopfers auf dem Altar). Die Juden selbst verwenden für den Massenmord an den Mitgliedern ihres Volkes heute lieber das hebräische Wort »Shoah«. Es bedeutet »Verwüstung, Vernichtung«.

Der moderne Staat Israel wurde 1948 gegründet. Seine Staatsangehörigen werden Israelis genannt: Neben etwa fünf Millionen Juden (von 15 Millionen weltweit) sind das auch Gläubige anderer Religionen, z. B. Muslime, Christen, Drusen und Bahais. Hauptstadt ist Jerusalem, wie auch in den früheren israelischen Reichen. König David eroberte die Stadt um das Jahr 1000 v. Chr. von den Jebusitern. Sein Nachfolger, König Salomo, ließ in Jerusalem den ersten Tempel erbauen (1. Könige 6). Damit wurde Jerusalem zum Zentrum des Judentums. Die Stadt hatte eine wechselvolle Geschichte, in der sie belagert, annektiert, zurückerobert, zerstört, wieder aufgebaut, geteilt wurde. Sie gilt nicht nur den Juden als heilig, sondern auch den Christen und Muslimen.

In der Endzeit der Geschichte erwarten die Juden den Messias, den König des Gottesreiches auf Erden, eines Reiches des Friedens und der Gerechtigkeit. Das hebräische Wort »Messias« (griechisch »Christos«) bedeutet »der Gesalbte«. Der Messias wird seinem Volk und allen Menschen auf Erden »Schalom« bringen: Frieden. Damit ist aber mehr als nur das Gegenteil von Streit und Krieg gemeint; zum Schalom gehören das Wohlergehen, die Harmonie und das Glück. – Unter Juden ist »Schalom« das gängige Grußwort.

Erlaubt ist, was vor Gott nicht erröten muss
Das Wesen der Sexualität

Wie schön sind deine Schritte in den Sandalen,
du Edelgeborene.
Deiner Hüften Rund ist wie Geschmeide,
gefertigt von Künstlerhand.
Dein Schoß ist ein rundes Becken,
Würzwein mangle ihm nicht.
Dein Leib ist ein Weizenhügel,
mit Lilien umstellt.
Deine Brüste sind zwei Kitzlein,
wie die Zwillinge einer Gazelle.
(Hohelied 7,2-4)

Trotz des eindeutig erotischen Tonfalls dieses Textes waren die jüdischen Schriftgelehrten immer geneigt, das »Hohelied« der Hebräischen Bibel spirituell zu deuten: So wie Mann und Frau sich nach Vereinigung sehnen, so wolle auch Israel mit seinem Gott eins werden.

Dennoch war und ist das Thema Sexualität nicht tabu, ganz im Gegenteil: Die Geschlechtlichkeit des Menschen wird – in bestimmten Bahnen – akzeptiert und gutgeheißen. Die Rabbiner vieler Jahrhunderte haben ihre Aufmerksamkeit immer auch dem Thema Sexualität gewidmet und ein ausführliches Regelwerk geschaffen, das offiziell zwar nach wie vor gilt, aber längst nicht mehr von allen Juden akzeptiert wird.

Die sexuelle Liebe sollte, wie es heißt, vor dem Heiligen Gott nicht erröten müssen; dazu besteht kein Anlass, wenn sie sich den Gesetzen Gottes unterordnet. Das meint zuallererst: Sex gehört in die Ehe. Dort ist jeweils zwei Wochen lang der Beischlaf erlaubt, dann wieder zwei Wochen lang durch die weibliche »Unreinheit« der menstruierenden Frau verboten. Der Frau wird ausdrücklich das Recht auf sexuelle Befriedigung zugesprochen. Ihre wahre Erfüllung findet sie aber im Empfangen, Gebären und Aufziehen von Kindern.

Die ideale erotische Liebe hat zurückhaltend und keusch zu sein; Anzüglichkeiten sind verpönt. Ihrer Lust brauchen sich Eheleute aber nicht zu schämen. Es ist alter Brauch, in der *Sabbatnacht* miteinander zu schlafen. Sie sollen einander nicht verweigern. Das Erzwingen des Geschlechtsverkehrs durch den Mann gilt als sündhafter Akt, der auch vor der rabbinischen Gerichtsbarkeit geahndet werden kann.

So selbstverständlich Sexualität in der Ehe gelebt werden darf, so streng verurteilt wird sie außerhalb dieser Paarbeziehung. Zu den drei größten Sünden, die ein Jude begehen kann, gehört neben Vielgötterei und Mord der Ehebruch. Nach jüdischer Auffassung ist dieses Gebot nicht nur dem Volk Israel, sondern allen Menschen aufgegeben; es gehört zu den so genannten »Noachidischen Geboten«, an die sich jedermann zu halten hat.

Verabscheut werden *Tempelprostitution* und Samen-Riten (wie sie die Nachbarvölker des Alten Israel praktizierten), ebenso *Sodomie* und Homosexualität.

Gott schuf den Menschen als sein Abbild
Frau und Mann

Wer keine Frau hat, ist ohne Freude, ohne Segen, ohne Gutes, ohne Tora, ohne Schutzwall, ohne Frieden, ohne Leben.

Stets sei man besorgt um die Ehrung seiner Frau; denn der Segen waltet im Hause des Ehemanns nur dank seiner Frau.

Talmud und Tradition sind voll des Lobes für die Frau! Einer tüchtigen Frau kann man sich rühmen, wie es beispielsweise im Buch der Sprüche ausführlich geschieht:

Eine tüchtige Frau, wer findet sie?
Sie übertrifft alle Perlen an Wert. (...)
Noch bei Nacht steht sie auf,
um ihrem Haus Speise zu geben. (...)
Sie gürtet ihre Hüften mit Kraft
und macht ihre Arme stark. (...)
Kraft und Würde sind ihr Gewand,
sie spottet der drohenden Zukunft.
(aus: Buch der Sprüche 31)

Wohlwollende Anerkennung genießt in erster Linie die Ehegattin. Doch nicht erst die Vermählung macht sie zu einem würdevollen Menschen. Durch die Schöpfung ist die Frau dem Mann ebenbürtig:

Gott schuf also den Menschen als sein Abbild, als Abbild Gottes schuf er ihn. Als Mann und Frau schuf er sie.
(1. Mose 1,27)

Dennoch waren die Rechte der Frau nicht denen des Mannes gleich, was ihre Stellung geringer erscheinen lässt. Schließlich heißt es im 1. Buch *Mose* auch, die Frau sei als »Gehilfin« des Mannes erschaffen worden. Daraus leitete man einen männlichen Herrschaftsanspruch ab. Dass die Frau von gewissen religiösen Geboten befreit war und ihr Bildung angedeihen zu lassen als nicht unbedingt notwendig erachtet wurde, rechtfertigte man mit ihren Aufgaben als Hausfrau und Mutter. Das tägliche Morgengebet der Männer enthält bis heute die dankbare Lobpreisung, dass Gott sie nicht als Frauen erschaffen hat ...

In der Tat besaßen Frauen im Volk Israel eine höhere Wertschätzung als ihre Geschlechtsgenossinnen in den Nachbarkulturen. Grundsätzlich stehen Frauen und Männer auf gleicher Ebene. Doch das patriarchal orientierte Judentum betrachtete die Frau stets auch mit einer gewissen Furcht vor ihren verlockenden Verführungskräften. Weibliche Stimme (zumal im Gesang), weibliches Haar und die Beine der Frau vermögen zu betören und einen Mann vom Studium der Tora – der wichtigsten Aufgabe eines frommen Juden! – abzuhalten. Als Vorsichtsmaßnahme empfiehlt das *orthodoxe* Judentum, dass ein Mann nicht allein mit einer Frau in einem Raum sein darf; nur für Eheleute, Vater und Tochter bzw. Mutter und Sohn ist das erlaubt. (Im Mittelalter glaubten übrigens auch innerhalb des Judentums viele an die Existenz von Hexen, die Männer zu verzaubern im Stande wären.)

Weil die Berührung mit Blut – gleich welcher Art – nach dem jüdischen Religionsgesetz »unrein« macht, gelten auch menstruierende Frauen als unrein. Man soll sie nach Möglichkeit nicht berühren. Während der Periode (die eine Folge von Evas Sünde ist) und noch eine Woche danach ist geschlechtlicher Verkehr verboten. Die Frau besucht nach einem hygienischreinigenden Bad zu Hause das rituell-reinigende Bad, die *Mikwe*. Beim Ritualbad muss sie einmal in fließendem Wasser untertauchen, dann ist sie wieder rein. Die Frau sollte mit ihrem eigenen Zyklus vertraut sein und bei davon abweichenden Blutungen den Mann in Kenntnis setzen, damit kein unerlaubter sexueller Verkehr stattfinden kann. Die Strenge in dieser Frage wird unterschiedlich gehandhabt.

Mit Blut hat auch das Ritual der Beschneidung der Knaben zu tun: Für männliche Kinder ist sie am achten Tag nach der Geburt vorgeschrieben. Sie wird heutzutage meistens direkt in der Geburtsklinik vorgenommen. Ein eigens dafür ausgebildeter Beschneider, hebräisch Mohel genannt, trennt die Vorhaut vom *Penis* des Babys. Wenn es die Gesundheit des Kindes nicht zulässt, kann dieser Ritus auch später vollzogen werden. Ebenso haben sich erwachsene *Proselyten*, die ins Judentum aufgenommen werden, der Beschneidung zu unterziehen.

Die Beschneidung ist eine feierliche Handlung. Damit wird der ausführliche Wille Gottes vollzogen, den er bereits *Abraham* aufgetragen hat:

Und Gott sprach zu Abraham: Du aber halte meinen Bund, du und deine Nachkommen, Generation um Generation. Das ist mein Bund zwischen mir und euch samt deinen Nachkommen, den ihr halten sollt: Alles, was männlich ist unter euch, muss beschnitten werden. Am Fleisch eurer Vorhaut musst ihr euch beschneiden lassen. Das soll geschehen zum Zeichen des Bundes zwischen mir und euch. Alle männlichen Kinder bei euch müssen, sobald sie acht Tage alt sind, beschnitten werden in jeder eurer Generationen, seien sie im Haus geboren oder um Geld von irgendeinem Fremden erworben, der nicht von dir abstammt. (...) Ein Unbeschnit-

tener, eine männliche Person, die am Fleisch ihrer Vorhaut nicht beschnitten ist, soll aus ihrem Stammesverband ausgemerzt werden. Er hat meinen Bund gebrochen.
(1. Mose 17,9-12; 14)

Im Alten Orient war die Beschneidung bei vielen Völkern üblich; mit der Zeit wurde sie aber zu einem der typischsten Merkmale des Volkes Israel. Dass es sich bei der biblischen Beschneidungs-Anordnung durch Gott selbst um eine nachträgliche Bestätigung einer vorhandenen Tradition handelt, scheint plausibel (allerdings handelt es sich hier natürlich um eine *exegetische* Frage, die nur Hypothesen zulässt). Unabhängig davon hat die Beschneidung stets eine immense Bedeutung für den Zusammenhalt der jüdischen Gemeinschaft gespielt. Spätere Interpretationen – sie habe zum Beispiel auch die Aufgabe, männlicher Triebbefriedigung Grenzen zu setzen – sind sekundär. Die Wichtigkeit der Beschneidung mag ein aus dem Mittelalter überlieferter Fall demonstrieren, bei dem ein nach der Geburt verstorbener Knabe unbeschnitten begraben wurde. Kurz darauf exhumierte man den kleinen Leichnam wieder und beschnitt ihn nach Vorschrift – um dem Kind Schmach im Paradies zu ersparen.

Für die Glaubensgemeinschaft als erwachsen gelten Mädchen ab dem 12. Lebensjahr (was etwa mit der *Menarche* zusammenfallen könnte), Jungen gelten ab dem 13. Jahr als religionsmündig, in dem eigentlich keine einschneidenden *physiologischen* Veränderungen eintreten, denn nächtliche *Pollutionen* kommen heutzutage schon früher vor. Allerdings tritt die Geschlechtsreife heutzutage generell in einem jüngeren Alter ein als etwa noch vor hundert Jahren.

Die traditionelle Rollenverteilung der Geschlechter ist dann die typische: Der Mann sorgt für den Erwerb der Familie, die

Frau führt den Haushalt, erzieht die Kinder und sorgt sich um die jüdische Identität. Der Vater ist für die Geistesbildung des Nachwuchses zuständig, die Mutter für die »Herzensweisheit«. In *orthodoxen* und konservativen Gemeinden zählen die anwesenden Frauen nach wie vor nicht zum »Minjan«, also zur Zahl von zehn Gläubigen, die für die rituelle Vollständigkeit des Gottesdienstes notwendig sind. Auch *Kaddisch* können sie nicht beten. Zum Rabbinat sind Frauen nicht zugelassen. In der progressiven Strömung des Judentums allerdings stehen Frauen gleiche Rechte und Pflichten zu; dort gibt es auch Rabbinerinnen. Zu jeder Zeit und überall galt im Judentum, dass die Zugehörigkeit zum Volk Israel über die Mutter weitergegeben wird, unabhängig vom mitzeugenden Vater: Jude ist, wer von einer jüdischen Mutter geboren wurde – ein matrilineares Relikt in einer patriarchalen Gesellschaft.

So schwierig, wie das Rote Meer zu teilen
Ehe und Familie, Heirat, Scheidung

Zu den größten Schätzen des jüdischen Lebens zählt der Talmud die Tora, die guten Taten und die Ehe. Die Anerkennung geht so weit, dass verabsolutiert wird:

Wer keine Frau hat, ist kein vollkommener Mensch.

Gott selbst habe die Ehe durch die Zweigeschlechtlichkeit des Menschen eingeführt. Schon Adam habe nach dem verloren gegangenen Teil seiner selbst gesucht. Und im Volksglauben engagiert sich Gott auch für jeden Einzelnen, indem er gute Ehen stiftet, wie eine alte Legende darstellt:

Einst fragte eine römische Matrone den Rabbi Jose bar Halafta, wie lang Gott zum Erschaffen der Welt gebraucht hatte. Der Rabbi erwiderte, dass er sechs Tage gebraucht hatte. Dann fragte die Frau: ›Und was tut Gott seitdem?‹
Der Rabbi antwortete: ›Der Heilige – er sei gelobt – ist damit beschäftigt, Ehen zu stiften.‹
Die Matrone lachte ihn aus und sagte, dass eine Heirat sich in kurzer Zeit erledigen ließe. Dann ging sie nach Hause und verheiratete wahrhaftig in dieser Nacht tausend ihrer Sklaven mit tausend ihrer Sklavinnen. Am nächsten Tag traten die Sklaven vor sie hin, gebrochen, verwundet und voller blauer Flecken. Alle Sklaven sagten: ›Ich will nicht die, die ihr mir gegeben habt!‹
So ging die Frau zurück zum Rabbi Jose bar Halafta und bat um Entschuldigung: ›Ich verstehe nun, dass eure Tora etwas Wunderbares ist, lobenswert und wahr.

Der Rabbi erwiderte: ›Ja, eine gute Ehe zu stiften, sieht Gott als genauso schwierig an, wie das Rote Meer zu teilen.‹

Die Propheten sahen in der Ehe auch ein Bild für die Beziehung zu Gott. Spätere Schriftgelehrte schufen daraus eine Pflicht. Im Regelwerk »*Schulchan Aruch*« der *orthodoxen* Juden heißt es kategorisch:

Man ist verpflichtet eine Frau zu nehmen, um fruchtbar zu werden und sich zu vermehren. Diese Pflicht beginnt für den Menschen, sobald er ins achtzehnte Jahr eintritt; jedenfalls überschreite er nicht das zwanzigste Jahr ohne Frau. Nur, wer sich beständig mit der Tora beschäftigt und fürchtet, eine Frau zu nehmen, um nicht dadurch in seinem Studium gestört zu werden, darf es aufschieben; aber nur, wenn sein Trieb ihn nicht beherrscht.

Maimonides (1135-1204), ein bedeutender jüdischer Theologe und Philosoph, warnt, ein Mann solle zunächst seinen Lebensunterhalt verdienen können, dann eine Wohnung suchen und wenn das geschehen sei, dann könne er heiraten; die Toren aber würde es genau umkehrt anstellen. Weniger bedächtig ist die Redensart aus dem Volke, die sagt, notfalls müsse man eine Torarolle verkaufen, um heiraten zu können ...
Mehrere biblische Gestalten (wie Jakob, Saul oder David) waren mit mehr als einer Frau verheiratet, dennoch hat sich die Einehe als Regel erwiesen und wurde zur Norm. Ausführlich ist geregelt, wer geehelicht werden darf und wer nicht: Vor allem Inzest ist verboten. Eine kinderlose Witwe muss der Form halber immer noch von dem Bruder ihres Mannes freigegeben werden, da er ja nach der Vorschrift der Schwagerehe eigentlich ein Kind mit ihr zeugen müsste. Als »Bastard«

gilt, wessen Mutter nicht mit dem zeugenden Vater verheiratet war: Solche Menschen dürfen wiederum nur mit Bastarden oder mit *Proselyten* die Ehe eingehen. Besondere Vorschriften gelten für die Nachfahren der Priesterklasse, die »Kohen«.

Es ist Brauch, Töchter der Reihe nach zu verheiraten, d. h. die älteren Schwestern sollen vor den jüngeren den Bund der Ehe eingehen. Unter Brüdern spielt diese Reihenfolge keine Rolle. Für die Hochzeit sind verschiedene Feiertage und Zeiten zwischen Feiertagen nicht geeignet, weil diese Phasen von ernster Erinnerung geprägt sind. Auch am wöchentlichen Schabbat findet keine Trauung statt: An diesem Tag nämlich darf keine Arbeit verrichtet und kein Handel getrieben werden. Die Aneignung von Vermögenswerten durch die Eheschließung wird als geschäftliche Transaktion gewertet. Der Brautvater hat eine *Mitgift* zu stellen; die gleiche Summe muss der Bräutigam hinzugeben. Dieser Betrag darf während der Ehe nicht angetastet werden; er bildet die Sicherung für die Frau bei Tod ihres Mannes oder Scheidung. Alle anderen Bedingungen (wie Unterhalt etc.) sind in der »Ketuba« festgehalten, dem Ehevertrag, der in seinen Grundzügen zweitausend Jahre alt ist. Bei Verlust des Vertrages während der Ehe ist umgehend ein neuer anfertigen zu lassen.

Früher lag zwischen der Ausfertigung der Ketuba und der eigentlichen Hochzeit ein Jahr Zeit. Die Braut sollte in dieser Spanne ihre Aussteuer besorgen. Seit dem Mittelalter folgen Verlobung und Trauung unmittelbar aufeinander; den kaum merklichen Übergang bildet das Verlesen der Urkunde.

Am Sabbat vor der Hochzeit wird der Bräutigam in der Synagoge zum Vorlesen der Tora aufgerufen. Die Frau hat sich am Tag vor der Trauung in die *Mikwe* zu begeben. Am Hochzeitstag fasten die Brautleute von Sonnenaufgang bis zum Beginn der Riten. Sie sollen sich der Verantwortung bewusst werden, die sie auf sich nehmen.

Die Zeremonie selbst wird von einem »Baal Kidduschin« (»Herr der Versammlung«) geleitet, was meistens der Rabbiner übernimmt, obwohl dies nicht an sein Amt gebunden ist. Der Akt kann in der Synagoge, in einem Festsaal, zu Hause oder unter freiem Himmel stattfinden. Unverzichtbar ist die »Chuppa«, der Traubaldachin aus einem Gebetsschal oder dem *Vorhang eines Toraschreins*. Die Chuppa symbolisiert das *Bundeszelt* bei der Wanderung des Volkes Israel durch die Wüste und will ausdrücken, dass auch die Ehe einem ständigen Unterwegssein gleicht. Der Baldachin steht auch für das neue Heim des Brautpaares.

Außerhalb Israels ist heute zunächst die zivilrechtliche Ehe auf dem Standesamt zu schließen. Später – nachdem der Ehevertrag von zwei Zeugen (die mit Braut oder Bräutigam nicht verwandt sein dürfen) und dem Bräutigam unterzeichnet wurde – geleitet man das Paar wie Königin und König an ihren Platz unter der Chuppa. Dort umkreist die Braut (mit verhülltem Angesicht) siebenmal ihren zukünftigen Mann. Die beiden trinken aus einem Becher gesegneten Wein und tauschen den Ring. Die Ketuba wird verlesen und das Brautpaar mit sieben Sprüchen gesegnet. Darin heißt es:

Erfreue, ja erfreue die Sichliebenden, wie du einst dein Geschöpf im Garten Eden erfreutest. Lob drum, ja Lob dir o Gott, der du Bräutigam und Braut erfreust.
Lob nun, ja Lob dir o Gott, unser Gott und König des Alls du, der schuf Wonne und Freude, Bräutigam und Braut, Jubel und Jauchzen, Lust und Frohlocken, Liebe und Eintracht, Freude und Freundschaft. Bald, o Gott, unser Gott, werden in den Städten Judas und in den Straßen Jerusa-

lems wieder gehört die Stimme der Wonne und die Stimme der Freude, die Stimme des Bräutigams und die Stimme der Braut, die Stimme des Jauchzens der Brautpaare aus ihrem Brauthimmel und der Gesang der Jünglinge beim Hochzeitsmahl. Lob drum, ja Lob dir, o Gott, der den Bräutigam mit der Braut erfreut.

Der Brauch, am Ende durch den Bräutigam ein Glas zertreten zu lassen, wird doppelt interpretiert: Einerseits habe man bei jeder Gelegenheit des zerstörten Tempels in Jerusalem zu gedenken, andererseits mahnt dieses Zeichen, die Ausgelassenheit in Grenzen zu halten.

Nach diesen Riten soll sich das Brautpaar in einen abgeschiedenen Raum allein zurückziehen, um eine Mahlzeit einzunehmen und eine Zeit lang ganz für sich zu sein. Das anschließende Fest ist so aufwendig, wie man es sich leisten kann. Eine Woche lang werden zu den Mahlzeiten Gäste eingeladen. Ein ganzes Jahr nach der Eheschließung sollte der Mann zu Hause bleiben (also nicht auf Dauer verreisen oder zur Armee gehen) und seine Frau »erfreuen«.

Wenn die Braut übrigens während der Trauung menstruiert, ist das kein Grund die Hochzeit zu verschieben. Das Paar darf aber nicht miteinander schlafen. Und weil ja die Versuchung groß ist, schläft bis zur Wiederherstellung der rituellen Reinheit der Frau ein kleines Mädchen (als »Anstandsdame«) im Brautgemach bei den jungen Eheleuten.

Außerehelicher Sexualkontakt ist vor und während der Ehe streng verboten. Also wird geraten, früh zu heiraten, um nicht des Triebes wegen sündig zu werden. Die Tradition formulierte auch Regeln für das Ehebett: So soll die Frau ihren Mann wohl durch ihre Anmut erotisch reizen, nicht aber mit Worten auffordern. Die Beischlafhäufigkeit richtet sich nach dem

Beruf des Mannes und dem Lebensstandard des Paares. Von »täglich« bis »alle dreißig Tage« reicht die Skala, die auch geeignet ist, das Recht der Frau auf Befriedigung sicherzustellen. Ihr »Eherecht« darf vom Mann nicht eingeschränkt werden. Er soll nicht blind seiner Lust frönen, sondern bedenken, dass er ein Gebot erfüllt. Außerdem soll er einen zu lockeren Umgang mit dem Thema Sexualität vermeiden, wie etwa in folgenden überlieferten Ermahnungen zu lesen ist:

Es gebührt sich für den Menschen, sich zur Zeit des Eheverkehrs an besondere Heiligkeit und reine Gedanken und würdige Gesinnung zu gewöhnen. Man sei nicht leichtfertig mit seiner Frau und beflecke nicht seinen Mund mit nichtigen Reden, selbst, wenn man mit ihr allein ist. (...) Zur Zeit des Verkehrs denke man an Worte der Tora und sonst heilige Dinge; obschon man sie nicht mit dem Mund aussprechen darf, so ist doch das Denken erlaubt und verdienstlich.

Weitere Hinweise für den ehelichen Beischlaf lauten:
- Er soll am besten mitten in der Nacht stattfinden.
- Vor dem Verkehr die Hände waschen.
- Nicht draußen miteinander schlafen.
- Nur bei Einverständnis der Frau koitieren.
- Nicht satt, nicht hungrig, nicht im Stehen, nicht im Sitzen verkehren.
- Während des Sexualaktes nicht sprechen.
- Nicht den Körper der Frau betrachten.
- Nicht in Gegenwart von einem anderen Menschen (ausgenommen ein Kind, das noch nicht sprechen kann) oder von heiligen Schriften Sexualität erleben.

Schließlich wird geraten, Maß zu halten. Der Samen sei die Kraft des Körpers. Wenn zu viel davon den Körper verlasse, werde man schwach, schneller alt, die Sehkraft lasse nach und der Mund fange an, übel zu riechen.

Die Scheidung ist erlaubt, aber nicht empfohlen. Ursprünglich war sie ohne Einwilligung der Frau möglich, seit dem Mittelalter geht das nicht mehr. Die Frau kann zwar die Scheidung nicht – wie der Mann – von sich aus vollziehen, aber bei einem *Rabbinatsgericht* klagen. Dieses entscheidet, wenn eine Partei nicht zustimmt; es kann den Mann zur Scheidung zwingen. Problematisch ist die Situation von Frauen, deren Männer sich abgesetzt haben oder die verschollen sind. Diese »Aguna« genannten Frauen haben keine Chance die Ehe zu lösen und wieder zu heiraten.

Scheidungsgründe können unzufriedenstellendes Verhalten, körperliche Makel oder die Tatsache sein, dass nach zehnjähriger Ehe noch keine Kinder gekommen sind. Ohne Verschuldungsprinzip wird nach einem Kompromiss gesucht, den beide annehmen können. Er wird im Scheidebrief (»Get«) fixiert, der auch finanzielle Dinge und die Rechte der Kinder regelt. Juden sind darüber hinaus natürlich dem juristischen System jener Länder unterstellt, in denen sie leben.

Zur durchaus möglichen Scheidung kennt die Tradition auch den Spruch:

> *Wenn ein Mann sich von seiner ersten Frau scheidet,*
> *weint der Altar.*

Abbildung 1:
Inbegriff weiblicher Fruchtbarkeit ist diese kleine Statue, die nach ihrem Fundort in Österreich »Venus von Willendorf« genannt wird. Sie ist wahrscheinlich vor über 20.000 Jahren gefertigt worden. Ähnliche Darstellungen mit übertriebenen Proportionen fand man an verschiedenen Stellen in Europa. Archäologen spekulieren, ob es sich dabei um Statuetten von Fruchtbarkeitsgöttinnen handelt, die im Kult Verwendung fanden, um Grabbeigaben oder um Autoritätssymbole in matriarchal geprägten Gesellschaften.

Abbildung 2:
Die Schöpfung des Kosmos wurde in vielen Kulturen als sexueller Akt aufgefasst. Im alten Ägypten gab es den Mythos, die Erde sei durch die Vereinigung des Erdgottes Geb mit der Himmelsgöttin Nut entstanden. – Der Papyrus mit dieser Szene stammt aus der 21. Dynastie (1070-712 v. Chr.).

Abbildung 3:
Der Mensch – ein Wesen in zwei »Ausgaben«: Frau und Mann, in vielem gleich, und doch so unterschiedlich. Beide können ohne einander nicht leben, und oft doch nur so schwer miteinander. Die Anziehung der Geschlechter gehörte immer schon zu den Topthemen in den Kulturen der Völker. – Hier eine Grabskulptur aus Madagaskar.

Abbildung 4:
Hat Sexualität ihren exklusiven Platz in der Ehe? Das war zumindest vor einigen tausend Jahren noch nicht so – und ist heute nicht mehr so. In der Moderne existieren verschiedene Modelle des Zusammenlebens und der Partnerschaft parallel, wenngleich die Ehe immer noch die am häufigsten gewählte Lebensform ist. – Das Foto zeigt einen Hochzeitszug in einem Dorf der DDR im Jahre 1954; seinerzeit drückte das weiße Brautkleid noch aus, dass die Frau jungfräulich in den Stand der Ehe trat.

Abbildung 5:
Sexualität genießen die Menschen nicht nur heterosexuell und genital: Dieses griechische Vasenbild aus dem 6. Jahrhundert vor Christus zeigt fünf Personen bei verschiedenen Formen erotischer Vergnügungen, bei oralem und analem Sex beispielweise. Auch Dildos waren schon bekannt.

Abbildung 6:
Sie hat die lesbische Liebe besungen: die griechische Dichterin Sappho, die im 6. vorchristlichen Jahrhundert auf der Insel Lesbos lebte. Dieses römische Wandgemälde stammt aus Pompeji (1. Jahrhundert n. Chr.).

Abbildung 7:
Die »Venus von Milot«: Idealbild gelungener Ästhetik, ein hellenistisches Meisterwerk aus dem 2. Jahrhundert vor Christus. In späteren Jahrhunderten neigten verschiedene Religionen dazu, allein schon Nacktheit zu verdammen, aus Furcht, der Anblick könne von Gott ablenken. Doch ist jedes Betrachten der Schönheit eines nackten Körpers schon Befriedigung voyeuristischer Bedürfnisse? Schließlich kommt der Mensch nackt auf die Welt.

Abbildung 8:
»Sodom und Gomorra«, dieses beiden Städtenamen sind als Ausdruck moralischen Untergangs in unseren Sprachgebrauch eingegangen. Im 1. Buch Mose heißt es von Lot, er habe zwei Männer als Gäste in sein Haus aufgenommen, nicht wissend, dass es sich dabei um Engel Gottes handelte. Am Abend kamen die Männer Sodoms und forderten Lots Gäste heraus; sie wollten mit ihnen verkehren. Um das heilige Gastrecht zu schützen war Lot sogar bereit, der Meute vor der Tür seines Heims seine unverheirateten Töchter anzubieten. Hier ein Ölgemälde von Peter Paul Rubens »Lot und seine Töchter«.

Abbildung 9:
Eine jüdische Hochzeit, wie sie unter der »chuppa«, dem Baldachin, geschlossen wird. (Boris Borvine Frenkel, »Le mariage«, 1928 oder 1929, Öl auf Leinwand) Eine Ehe zu scheiden, ist im Judentum verpönt, aber möglich. Die Ehe zu brechen hingegen gilt als schwere Verfehlung und wurde in biblischer Zeit mit harten Strafen geahndet.

Abbildung 10:
Verführung oder Vergewaltigung? Davon erzählt schon das 1. Buch Mose der Hebräischen Bibel: Joseph widersetzte sich den Verführungskünsten der Frau seines ägyptischen Hausherrn Potifar. Diese verklagt ihn daraufhin wegen sexueller Nötigung. Hier ein Ölgemälde von Jean-Baptiste Nattier »Joseph und Potiphars Weib«, 1711.

Abbildung 11:
Sie gilt im Christentum als die keusche Jungfrau schlechthin: Maria, die Mutter Jesu, die nach biblischer Überlieferung durch den Heiligen Geist das Kind empfing. Im Laufe der Jahrhunderte haben sich die Formen, Maria darzustellen, gewandelt. Mal wurde sie als geradezu geschlechtslosen Wesen präsentiert, mal aber auch als Frau, die mit einem üppigen Busen ihr Baby stillt. Diese Art der Darstellung heißt »Maria Lactans« (etwa: die Milchspendende). – Ein anonymer Meister vom Niederrhein hat gegen Ende des 16. Jahrhunderts dieses Werk gemalt.

»Seid fruchtbar!«
Geburtenregelung

Kinder zu haben ist dem Juden eine religiöse Pflicht. Wer sich weigere, Kinder zu zeugen, handle so, als vergieße er Blut, sagt man. Mindestens einen Sohn und eine Tochter zu zeugen wird als Ideal der jüdischen Familie gepriesen.

»Seid fruchtbar und vermehrt euch«, heißt es schon auf der ersten Seite der Bibel. Empfängnisverhütung verletzt dieses Gebot und ist dem Mann nicht gestattet. Der Frau allerdings – die ja nicht dem vollen Gesetz untersteht – sind verschiedene Wege der Geburtenregelung möglich.

Grundsätzlich wird Verhütung gebilligt, wenn Gefahr für die Mutter oder die Leibesfrucht zu befürchten ist. Das wird angenommen bei:

- Frauen (Mädchen) unter zwölf Jahren,
- schwangeren Müttern,
- stillenden Müttern.

Die weiblichen Methoden sind seit alter Zeit bekannt: mechanische und chemische, *orale* und intravaginale Mittel. Sterilisierende Arzneien aus Pflanzenextrakten sind lange erprobt, die Methode der Temperaturbeobachtung ebenfalls, und seit dem 19. Jahrhundert schon das Pessar. Heute gilt die »Pille« als erlaubtes Medikament. Kondom und *coitus interruptus* sind nicht gestattet.

Die Abtreibung wird nur um der Frau willen akzeptiert: Sie darf aus gesundheitlichen Erwägungen, wenn die Frau vergewaltigt wurde oder bei einer reumütigen Ehebrecherin vorgenommen werden.

Sich vor Unzucht hüten
Sexualität außerhalb der Ehe

Weil sie so offen ihre Unzucht trieb und ihre Scham entblößte, wandte auch ich mich jäh von ihr ab, wie ich mich von ihrer Schwester abgewandt hatte. Sie jedoch ging noch weiter in ihrem unzüchtigen Treiben. Sie dachte an die Tage ihrer Jugend, als sie in Ägypten Unzucht getrieben hatte. Und es erwachte in ihr die Gier nach ihren Liebhabern, deren Glieder wie die Glieder der Esel und deren Erguss wie der Erguss der Hengste waren. Du hattest nämlich das schändliche Treiben deiner Jugend vermisst, als die Ägypter nach deinen Brüsten griffen und deine jugendliche Brust streichelten.
(Ezechiel 16, 23-26)

Diese drastischen Worte stammen vom Propheten Ezechiel, der im 6. vorchristlichen Jahrhundert lebte. Er vergleicht sein Volk, das sich vom Einen Gott abkehrte, mit geilen, hurenden Töchtern. Ezechiel nutzt dieses Bild nicht, um moraltheologisch das erotische Verlangen an sich zu kritisieren. Ihm geht es darum, dass hier etwas außerhalb der Ordnung geschieht. Israel hat den Bund mit seinem Gott verletzt, und das tut auch, wer die Ehe bricht.

Ehebruch meint streng genommen: Sexueller Verkehr eines Mannes mit einer Frau, mit der ein anderer verheiratet ist. Hurt also jemand mit einer ledigen Frau, ist sein Tun verwerflich und sündhaft, aber nicht eigentlich ein Ehebruch. Dahinter steckt die patriarchale Sichtweise, der Ehebruch beschädige das Eigentumsverhältnis des gehörnten Mannes. Neben dieser Antastung der Besitzrechte ist die Frage der eindeutigen Vaterschaft von Belang. Bestraft wurden – nach biblischem Recht – beide Täter, durch Steinigung; Priestertöchter gar durch Verbrennen.

Abgrenzen wollte man sich in der Antike auch von der so genannten »*Tempelprostitution*«, wie sie in der römisch-griechischen Welt gang und gäbe war. Im Tempel sexuell mit einer Dirne zu verkehren galt als noch verwerflicher, als eine »normale« Prostituierte aufzusuchen. Das war und ist verpönt, geschieht aber.

Was das Stichwort Selbstbefriedigung angeht, so wird nur die männliche Masturbation thematisiert: Sie gilt – ähnlich der Homosexualität, dem *coitus interruptus* oder gar einem unfreiwilligen nächtlichen Erguss – als sündig, weil der Samen nicht seiner eigentlichen Bestimmung zugeführt werden kann, nämlich der Zeugung von Nachkommenschaft.

Man geht davon aus, das derjenige, der »Brot im Korb hat« (dem die Stillung seines Verlangens möglich ist), keine religiös verwerfliche Befriedigung braucht. Deswegen soll man früh heiraten und im Übrigen sich mit der Tora beschäftigen, überhaupt alles tun, um gar nicht erst auf schlechte Gedanken zu geraten. Dazu gehört (neben dem Tipp, beim Wasserlassen nicht unnötig die Eichel zu berühren) laut *Schulchan Aruch* auch folgende Weisung:

> *Man nehme sich sehr in Acht, dass man nicht zu körperlicher Erregung komme; darum darf man nicht auf dem Rukken, mit dem Gesicht nach oben, schlafen, auch nicht mit dem Gesicht nach unten schlafen, sondern schlafe auf den Seiten, dass man nicht zu körperlicher Erregung komme.*

Sanktionierung einer sexuellen Option
Homosexualität

Du darfst nicht mit einem Mann schlafen, wie man mit einer Frau schläft; das wäre ein Gräuel.
(3. Mose 18,22)

Bibel, Talmud, Tradition: alle sind sie sich einig, dass männliche Homosexualität eine schwere Verfehlung darstellt. Sie ist mit Ausschluss aus dem Volke oder sogar dem Tod zu bestrafen.

Gleichgeschlechtliche Erotik unter Frauen wird kaum diskutiert. Zwar warnt die Bibel, die Frauen sollten nicht die Bräuche der Ägypter übernehmen (wo weibliche Homosexualität vorkam), aber das Thema wird milder beurteilt. Zwischen zwei Frauen fließt eben kein Sperma – und die Samenvergeudung der schwulen Männer stellt ja das eigentliche Problem dar, da dadurch einer Zeugung und Vermehrung keine Chance gegeben wird. Werden homosexuelle Handlungen während einer bestehenden Ehe vorgenommen, so ist das bei Männern ein Scheidungsgrund, bei Frauen nicht.

In der Moderne ist natürlich der innerreligiöse Diskurs in vollem Gange: Jüdische Interessenverbände fordern eine zeremonielle Eheschließung für Schwule und Lesben; sie bemühen sich auch um die Möglichkeit der Übernahme von Menschen ihrer sexuellen Option ins Rabbinat.

Kein Ideal
Askese

Einst wurden gefangene Frauen nach Nahardea gebracht. Man brachte sie im obersten Stock bei Raw Amram dem Frommen unter. Die Leiter zu ihrem Stockwerk aber nahmen die Männer von Nahardea fort.

Als nun der fromme Raw einmal unten vorbeiging, fiel plötzlich ein Lichtstrahl durch die Luke auf eine der Frauen. Amram, der ihre Schönheit gesehen hatte, holte die Leiter wieder zurück und stieg hinauf. Diese Leiter war so schwer, dass zehn Personen sie kaum tragen konnten, doch er trug sie ganz allein.

Als er die Hälfte der Leiter erklommen hatte, blieb er stehen und rief mit lauter Stimme: Feuer bei Raw Amram.

Da kamen die Rabbanim herbeigelaufen. Sie sagten ihm: Wir schämen uns für dich! Er aber erwiderte: Lieber schämt euch für Amram auf dieser Welt, als dass ihr euch seiner in der zukünftigen Welt schämt.

Hierauf beschwor er den bösen Trieb, aus ihm zu fahren, und er fuhr aus ihm wie eine Feuersäule hinaus. Da sprach er: Siehe, du bist Feuer und ich Fleisch, und doch bin ich stärker als du.

Was diese talmudische Geschichte sagen will: Nicht, dass der fromme Mann angesichts einer schönen Frau in Erregung gerät, ist schämenswert. Die Kunst ist, den Trieb zu beherrschen. Auch Maimonides sah, dass die »Welt« voller Gefahren sei, und er dachte wohl an Sex und Rausch und Reichtum. Aber in seiner Weisheit wusste er auch, dass es nicht sinnvoll ist, ein Extrem durch ein anderes Extrem zu bekämpfen.

Ein selbstpeinigendes Ideal ist dem Judentum fremd. Ehelosigkeit wird als bedauerlich, nichts als positiver Wert erkannt. Dennoch praktiziert man in der jüdischen Religion zeitweise asketische Übungen, so das Fasten an Tagen der Buße und den Verzicht auf Sexualität während der Trauerzeit.

In biblischer Zeit gab es den Brauch, ein temporär begrenztes Gelübde abzulegen, das der »Nasiräer«. Sie durften während einer bestimmten Zeit keinen Wein trinken, keinen Toten berühren und sich nicht die Haare schneiden; am Ende scherte man sie kahl. Damit war das Gelübde erfüllt. Sexuelle Ge- oder Verbote waren damit nicht verbunden. Das Nasiäergelübde ist seit der Zeitenwende außer Gebrauch.

Laut Talmud muss der Mensch am Ende seiner Tage Rechenschaft ablegen, über alle guten Dinge, die er in dieser Welt hätte genießen können und die er nicht genossen hat. Die Sexualität gehört grundsätzlich dazu.

»Wie es gefällt«
Sexualität als Teil des Lebens

Sexualität: ja, aber nur innerhalb der Ehe. Alle anderen Formen sind negativ bewertet. In der Ehe ist der Beischlaf geradezu heilig und dem wollüstigen Tun sei kein Riegel vorgeschoben. Bei Maimonides ist freimütig zu lesen:

> *Die eigene Frau ist dem Mann gestattet, und mit ihr darf er es tun, wie es ihm gefällt. Er darf mit ihr nach Belieben den Beischlaf ausüben, sie küssen, wo er möchte, auf natürliche und unnatürliche Weise ihr beischlafen.*

Selbstverständlich war und ist in einer so vielschichtigen Religionsgemeinschaft wie dem Judentum die Diskussion immer im Fluss. Da es kein allgemein verbindliches Lehramt gibt, kann niemand (außer der Bibel) letztgültige Bestimmungen treffen; und selbst die Bibel bedarf der Auslegung.
Die Rabbiner neigten aus Vorsicht zur Prüderie. Das fromme Volk hat jedoch immer auch seine eigene Sicht der Dinge. Ein jiddisches Sprichwort heißt:

> *An ehrlicher jüd! in der frih küscht er ziziss, bei nacht küscht er zizkess.*

(Die Übersetzung lautet etwa so: »Ein ehrlicher Jude! In der Frühe küsst er Zizit [die Enden seines Gebetschals], in der Nacht küsst er die Zitzen [die Brüste seiner Frau].)

Christentum

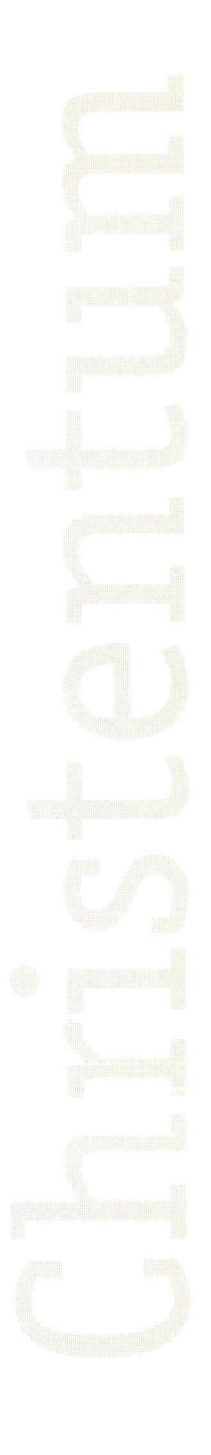

»Gute Botschaft!«
Die Religion

Das Christentum ist mit etwa 1.900 Millionen Anhängern die größte religiöse Bewegung in der Geschichte der Menschheit. In dessen Mittelpunkt steht der Glaube an den Einen Gott, der die Welt erschaffen hat. Christen glauben, dieser Gott hat durch Jesus von Nazareth in einzigartiger Weise gesprochen und gehandelt, so dass die Menschen in ihm Gott begegnen können. Er ist der Sohn Gottes von Anbeginn der Welt an, war aber auf Erden trotz seiner Göttlichkeit ein Mensch wie alle anderen: geboren von einer Frau und sterblich. Zusammen mit Gott dem Vater und dem Heiligen Geist gehört er zur Dreifaltigkeit des Einen Gottes. Jesus von Nazareth lebte vor etwa 2000 Jahren in Palästina, dem damals von den Römern besetzten Land Israel. Er und seine ersten Anhänger waren Juden, ganz in der Religion ihrer Väter und Mütter verwurzelt. Vom Leben Jesu, seiner Predigt von der Liebe Gottes zu allen Menschen, von seinem Leiden und Sterben, schließlich seiner Auferstehung von den Toten, geben die Evangelien Zeugnis. Bei diesen handelt es sich um Schriftwerke, die auf mündlicher Überlieferung beruhen und sämtlich Jahrzehnte nach Jesu Tod von Autoren verfasst wurden, die ihn nicht persönlich gekannt haben. Die Evangelien (griechisch für »Gute Botschaft«) bilden den Hauptteil des Neues Testamentes, der Heiligen Schrift der Christen. Darin finden sich auch Berichte über die Ausbreitung der ersten Gemeinden und Pastoralbriefe der Apostel, vor allem des Paulus von Tarsus.

Paulus gilt als der erste Theologe der Christenheit. Denn er bemühte sich, die verschiedenen Zeugnisse des Glaubens zu sys-

tematisieren, sie auf dem Grund des jüdischen Glaubens und der Aussagen der Hebräischen Bibel (dem »Alten Testament«, wie die Christen sagen) zu harmonisieren und schließlich diese neue Religion den benachbarten Kulturen seiner Zeit verständlich zu machen. Dieser Prozess wurde durch die Jahrhunderte weiter verfolgt. Die Theologie (»Lehre von Gott«) hat immer wieder versucht, den Sinn der Schrift zu durchdringen und die Ereignisse der Zeit im Lichte des Glaubens zu verstehen. Das führte zu verschiedenen, sich mitunter widersprechenden Interpretationen, was schon früh kleine konkurrierende Glaubensgemeinschaften, später gar Kirchenspaltungen provozierte.
Heute ist das Christentum in vielerlei Gruppierungen aufgeteilt, die grob in die katholische, die protestantische und die *orthodoxe* Richtung geordnet werden können. Davon verfügt aber jede wiederum über zahlreiche Untergruppen, so genannte Konfessionen. Allen gemeinsam ist jedoch das Bekenntnis, dass Jesus der Christus ist, der Gesandte Gottes, sein Messias, der alle Menschen zum Heil erlösen wird.
Die Geschichte des Christentums ist eng verflochten mit der Historie Europas. Staatliche Macht wurde christlich legitimiert, Kriege in Gottes Namen geführt, andere Teile der Welt kolonisiert und gleichzeitig missioniert. Mit dem Übergang vom Mittelalter zur Moderne verlor das Christentum an Gewicht. Der Same der Aufklärung trug seine Früchte, was heute an der weithin fortgeschrittenen Säkularisierung offenkundig ist: Zwar sind öffentliche Moral, Justiz, Gemeinwesen, Bildung und Kunst noch christlich geprägt, der Anteil bekennender Gläubiger lässt aber rapide nach. Dennoch sind in Europa mehr als die Hälfte aller Menschen getauft, die christlichen Kirchen sind daher immer noch die dominierende Religion in Europa. Wohl aber hat diese Religion mit einem gewaltigen Bedeutungsverlust zu kämpfen, den sie noch nicht verarbeitet hat.

Skeptische Moral
Das Wesen der Sexualität

Das Christentum gab dem Eros Gift zu trinken; er starb zwar nicht daran, aber er verkam zu einem Laster.

Traurige Tatsache: *Friedrich Nietzsche* (1844-1900) muss, was diese Behauptung angeht, Recht gegeben werden. Das Christentum hat sich in seiner ganzen Geschichte schwer getan mit der menschlichen Sexualität. Zwar variieren die kirchlichen Moralvorstellungen über die Jahrhunderte und nach Konfession. Aber stets wurde die menschliche Begierde nach Lust skeptisch beurteilt und nur in bestimmten Bahnen gutgeheißen.
Dabei hat der Gründer dieser Religion, Jesus von Nazareth, kaum über Sexualität gesprochen, schon gar keine Verdammungen verkündet. Wir gehen davon aus, dass der *historische Jesus* in diesen Fragen weitgehend den ethischen Prinzipien seiner Zeit verhaftet war. Im Volk Israel der Zeitenwende war die Lebensform Ehe selbstverständlich, und darin hatte die Geschlechtlichkeit ihren Platz. Daher stellt schon der Mythos der Jungfräulichkeit seiner Mutter Maria – »vor, nach und während der Geburt« – eine bedeutsame Abkehr vom jüdischen Hintergrund der christlichen Botschaft dar. Erst der Apostel Paulus wendet sich intensiver den Problemen der Ehe, Scheidung und Prostitution zu, weil er in Griechenland und Rom mit der »*heidnischen*« Welt konfrontiert war.
Eine ausdrücklich positive Bewertung der Geschlechterbeziehung von Frau und Mann finden wir im Neuen Testament nicht. Aber auch keine negative! Eine weite Entwicklung hatte die kirchliche Ethik zurückgelegt, bis im 12. Jahrhundert der

spätere Papst Innozenz III. (1198-1216) in seinem Werk »Über das Elend des menschlichen Daseins« klagen konnte:

Wer gibt meinen Augen den Tränenquell, dass ich beweine den bejammernswerten Eintritt in die Bedingungen menschlichen Daseins, beweine das schuldhafte Fortschreiten menschlichen Lebens, beweine das verdammenswerte Ende menschlicher Vernichtung? (...) Geschaffen ist der Mensch aus Staub, aus Lehm, aus Asche, und, was nichtswürdiger ist: aus Ekel erregendem Samen. Empfangen ist er in der Geilheit des Fleisches, in der Glut der Wollust, und was noch niedriger ist: im Sumpf der Sünde. Geboren ist er für Furcht, für den Schmerz, und was noch elender ist: für den Tod.

Die Theologie der frühen Kirche entwickelte sich in einer philosophischen Umwelt, die das *stoische* Ideal pries: Nichts darf man um der Lust willen tun. Diese Haltung ist dem Denken und der Erfahrung der Hebräischen Bibel fremd. Aber die christlichen Schriftsteller der ersten Jahrhunderte entwickelten eine gravierende Abneigung gegen alles Lustvolle.
Origines beispielsweise meinte, zwar heiße es in der Schöpfungsgeschichte »Wachset und mehret euch«. Nur sei das eben nicht so zu verstehen, dass der Mensch sich begatten solle. Nein: der Mann steht für den Geist, die Frau für die Seele. Ergänzen sich beide, so vermehren sie gute Empfindungen und nützliche Erkenntnisse, und die sind doch besser als Kinder. Andere meinten, im Paradies habe es weder Trieb noch Ehe oder Geburt gegeben. Die Ehe sei einzig als Folge des Sündenfalls von Adam und Eva eingerichtet worden – als *Institution*, die Unzucht verhindern soll.
Die auf Dauer angelegte Einehe als einzig legitimer Ort für Erotik, diese Vorstellung bestand bereits im 1. Jahrhundert und

hat sich im Großen und Ganzen bis heute gehalten. Sucht man beispielsweise im Weltkatechismus der Katholischen Kirche im Register das Stichwort »Sexualität«, so findet man den Hinweis: »siehe Mensch: menschliche Geschlechtlichkeit; Ehe: Zweck« ...

Doch die Beschränkung der Sexualität auf die Ehe rechtfertigte ja noch nicht ihre Herabwürdigung. Wiederum wird der Anfang allen Übels in der Schöpfungsgeschichte gesucht, die freilich damals nicht bildhaft, sondern als Realität verstanden und interpretiert wurde. Augustinus (und später seine *Epigonen*) ging davon aus, ursprünglich sei der Zeugungsakt lustfrei und die Geburt ohne Schmerzen verlaufen. Die Sünde Adam und Evas sei jedoch größtmöglicher Ungehorsam gegen Gott gewesen. Und Gott habe seinerseits mit Ungehorsam gestraft: der Körper gehorcht dem Menschen nicht mehr und macht was er will – peinigt mit Wollust und Geburtswehen. Trotz dieser pessimistischen Einschätzung müssen wir Augustinus zugute halten, dass er die Ehe an sich verteidigte. Die *Manichäer* nämlich lehnten sie als schlecht und böse ab. Augustinus hielt am göttlichen Ursprung der Fruchtbarkeit fest.

In der Folge wurde diskutiert, ob die Lust – als Begleitumstand des Geschlechtsaktes – Sünde sei oder nicht. Sie sei nicht mit Schuld befleckt, wenn sie nicht um ihrer selbst willen gesucht würde, urteilte man zunächst. Ideale Eheleute also wünschten sich nur Nachkommen, keine erotische Erregung aber bei deren Zeugung.

Die Lust als Fehler einer an sich guten Natur also? Schon bald galt allein schon das Empfinden der Lust als Sünde. Damit wurde jeder Akt sündhaft. Rigorose Vorstellungen setzten sich durch: Zu viel eheliche Liebe gleiche dem Ehebruch, ja, schon der Gedanke an Sex sei lasterhaft. Der Hl. *Hieronymus* warnte:

Erachtet alles als Gift, was den Samen sinnlichen Vergnügens in sich trägt.

Sex zur Luststeigerung sei auch innerhalb der Ehe verboten. Die Sündenlehre konzentrierte sich dann Jahrhunderte über auf das 6. Gebot: »Du sollst nicht ehebrechen!« und wertete die Sexualität an sich ab. Die Moral gipfelte in der Forderung nach »ehelicher Jungfräulichkeit«. Nach der Zeugung eines Kindes sollten die Eheleute wie Geschwister miteinander leben. Manche konnten der Ehe gerade noch zugute halten, dass sie die Zeugung von Menschen ermögliche, die sich dem jungfräulichen Stand weihten.

Die Reformation hat dem streng asketischen Zug der christlichen Ethik eine Abfuhr erteilt und die Ehe wieder zu Ehren gebracht. Doch auch im Protestantismus galt sie gemeinhin als einzige Lebensform, die Sexualität erlaubte.

Die Verführerin als Seelenballast?
Frau und Mann

Den Evangelien zufolge begegnete Jesus den Frauen mit einer Offenheit, die für seine Zeit untypisch war. Das war keineswegs Gleichberechtigung im heutigen Sinn, doch von einer Dämonisierung der Frau konnte keine Rede sein.
Schon in den ersten Gemeinden aber hatten die Frauen einen schweren Stand. In den Paulus zugeschriebenen Briefen werden sie zu Unterordnung und Passivität ermahnt.

> *Ihr Frauen, ordnet euch euren Männern unter wie dem Herrn. Denn der Mann ist das Haupt der Frau, wie auch Christus das Haupt der Gemeinde ist, die er als seinen Leib erlöst hat. Aber wie nun die Gemeinde sich Christus unterordnet, so sollen sich auch die Frauen ihren Männern unterordnen in allen Dingen.*
> *(Epheserbrief 5,22-24)*

> *Wie in allen Gemeinden der Heiligen sollen die Frauen schweigen in der Gemeindeversammlung; denn es ist ihnen nicht gestattet zu reden, sondern sie sollen sich unterordnen, wie auch das Gesetz sagt. Wollen sie aber etwas lernen, so sollen sie daheim ihre Männer fragen. Es steht der Frau schlecht an, in der Gemeinde zu reden.*
> *(1. Korintherbrief 14,33-35)*

Spezielle, von einem konkreten Kontext abhängige Vorschriften des Neuen Testaments wurden im Laufe der Kirchengeschichte zu kontextunabhängigen Geboten umgewandelt. Die

frühen Theologen erkannten in einer Frau – nämlich in Eva – die Quelle aller Sünde und aller Leiden auf Erden. Ihr, die empfangen und geboren hatte, glichen alle Frauen.
Doch es gab auch die vollkommene Reinheit in Form einer Frau – die Jungfrau Maria. Diese, gehorsam und asexuell, wurde zum Idol der zölibatären Mönche und Priester; sie schien nichts gemein zu haben mit den Frauen dieser Welt. Jene nämlich stellten als potentielle Verführerinnen einen Ballast für die Seele des Mannes dar.
Um die Frau zu zügeln, wies man ihr als Lebensbereich die »drei K« zu:

- Kinder
- Küche
- Kirche.

Ehegatten und Nachkommenschaft zu versorgen war ihre Aufgabe. Sexuelle Lust durfte ihr nicht zugebilligt werden. Die sittsame Frau wünschte sie sich auch gar nicht erst. Die untergeordnete Stellung der Frau hatte sich bis in die Stellung beim Koitus zu beweisen, als dessen einzig erlaubte Variante die Rückenlage der Frau anzusehen war. »Missionarsstellung« nennt man diese Position, weil die christlichen Missionare der Welt nicht nur den Glauben an den Erlöser Jesus Christus verkündeten, sondern auch, wie sie sexuell so zu verkehren hätten, dass es vor Gott kein Missfallen errege.
Das patriarchale System des Christentums beruht auf dem Glauben an den Einen Gott, der als »Vater« und »Herr« ja selbst männliche Züge trägt. Die lange Zeit geltende Skala der Ehrbarkeit des menschlichen Leibes galt jedoch für beide Geschlechter, wenngleich Männer etwas freizügiger auftreten konnten. Der Körper wurde in drei Zonen aufgeteilt:

- Ehrbare Körperteile (Gesicht, Hände, Füße)
- Weniger ehrbare Körperteile (männliche Brust, Rücken, Arme, Schenkel)
- Unehrbare Körperteile (weibliche Brust, *Genitalien* und Partien, die ihnen nahe sind).

In alter Zeit machten Menstruation und Geburt eine Frau »unrein«. Diese Vorstellung ist zwar heute theologisch überwunden, ein männliches Unbehagen vor der weiblichen Periode ist jedoch geblieben. Dabei erzählt sogar das Evangelium von einer Situation, in der Jesus eine Frau heilte, die jahrelang an Blutfluss gelitten hatte. Eigentlich wäre ihm verboten gewesen, einer solchen Person näher zu treten.

Die so genannte »Frauenbewegung« war zwar keine religiös motivierte Sache, doch ihre Trägerinnen in Europa und Nordamerika kamen ja aus einer christlich geprägten Kultur. So waren Auswirkungen auf die Kirchen früher oder später zu erwarten. Die Frauen bemühten sich, ein biblisches Gleichheitsideal wieder zum Leben zu erwecken:

> *Es gibt nicht mehr Juden und Griechen, nicht Sklaven und Freie, nicht Mann und Frau; denn ihr alle seid »einer« in Christus.*
> *(Galaterbrief 3,28)*

Die *Feministische Theologie* erweiterte wesentlich das Gottesbild. Evangelische Theologinnen konnten durchsetzen, dass sie mit allen Rechten zum Pfarramt zugelassen werden, ebenso anglikanische und alt-katholische. Ein Schritt, der für ihre römisch-katholischen Kolleginnen noch unerreichbar scheint.

Sakrament oder »weltlich Ding«?
Ehe und Familie, Heirat, Scheidung

Aus einer gültigen Ehe entsteht zwischen den Ehegatten ein Band, das seiner Natur nach lebenslang und ausschließlich ist; in einer christlichen Ehe werden die Ehegatten durch ein besonderes Sakrament gestärkt und gleichsam geweiht für die Pflichten und die Würde ihres Standes.
Beide Ehegatten haben gleiche Pflicht und gleiches Recht bezüglich der Gemeinschaft des ehelichen Lebens.
(Codex Iuris Canonici, Can. 1134 und 1135)

So formuliert das Katholische Kirchenrecht, welches der Ehe, ihren Voraussetzungen, Wirkungen, Bedingungen, ihrer Schließung und ihrem Vollzug, schließlich ihrer Auflösung Dutzende von Gesetzen und Paragraphen widmet. Die reformatorische Sicht ist schlichter: »ein weltlich Ding« nannte *Martin Luther* die Ehe, bezeichnete sie allerdings als heiligen Stand.
Das jeweilige Eheideal ist abhängig von vielerlei Bedingungen. »Versorgung« hieß es früher, »Freundschaft« lautet es in der Moderne. Auch die theologische Einschätzung der Ehe hat sich immer wieder gewandelt.
In den ersten Jahren begegnete das junge Christentum außerhalb Israels einer Umwelt, die vollkommen andere moralische Maßstäbe als der jüdische Ursprung besaß. Sexuelle Freizügigkeit einerseits, Askese andererseits – die Ehe als gottgewollte Gemeinschaft von Frau und Mann musste sich behaupten. Mal diente sie als Bild der mystischen Vereinigung Jesu mit seiner Kirche. Mal interpretierte man sie pragmatisch als *Institution*, die Nachkommenschaft zeugen, der Sünde der Be-

gierde vorbeugen und auch die gegenseitige Stärkung des Paares gewährleisten sollte. Nur bedingt konnte man sich dabei auf Jesus berufen; denn außer seiner Teilnahme an einer Hochzeitsfeier berichtet das Neue Testament nur über seine Einstellung zur Scheidung.

Auch die reformatorische Theologie betonte vor allem den Ordnungscharakter der Ehe. Die in ihr vollzogene Sexualität bleibe zwar der Sündhaftigkeit verhaftet, meinte noch *Martin Luther* (1483-1546), doch habe der Herr bereits davon erlöst. Johannes Calvin (1509-1564), Reformator in der Schweiz, fand nur ein Übermaß an Geschlechtsgenuss schädlich. *Evangelikale* Gruppierungen bis in unsere Zeit hinein sehen in der Ehe die einzige Chance, dem Geschlechtstrieb Schranken zu setzen; enthemmte Lust nämlich gefährde Sitte und Ordnung der Gesellschaft. Daher sei vorehelicher Verkehr unstatthaft. Einig sind sich die Konfessionen in der Einschätzung dahingehend, dass vorehelicher Sex in einer Paarbeziehung anders zu bewerten sei als *Promiskuität*.

Die Ehe bringt Rechte und Pflichten mit sich. Wer katholisch heiraten möchte, muss beim vorangehenden Traugespräch folgende Dinge zustimmend zur Kenntnis nehmen:

> *Sie wissen, dass Sie sich durch die Eheschließung das Recht auf geschlechtliche Vereinigung und Zeugung von Kindern übertragen.*
> *Anerkennen sie diese Rechte und Pflichten uneingeschränkt?*
> *Verpflichten Sie sich, mit keiner anderen Person als nur mit ihrem Ehepartner solche intime Beziehungen zu pflegen?*
> *Wollen Sie diese Ehe unauflöslich für das ganze Leben schließen?*
> *(Aus der Brautexamens-Niederschrift des Bistums Augsburg)*

Die katholische Ehemoral ist nach wie vor von dieser juristischen Sicht geprägt. Gleichzeitig hat das *2. Vatikanische Konzil* die alte Meinung, Sexualität sei einzig zur Zeugung da, überwunden. Ein Dokument spricht im eigenwilligen Sprachjargon der Theologen recht wohlwollend über »Die eheliche Liebe«:

> *Diese eigentümlich menschliche Liebe geht in frei bejahter Neigung von Person zu Person, umgreift das Wohl der ganzen Person, vermag so den leib-seelischen Ausdrucksmöglichkeiten eine eigene Würde zu verleihen und sie als Elemente und besondere Zeichen der ehelichen Freundschaft zu adeln. Diese Liebe hat der Herr durch eine besondere Gabe seiner Gnade und Liebe geheiligt, vollendet und erhöht. Eine solche Liebe, die Menschliches und Göttliches in sich eint, führt die Gatten zur freien gegenseitigen Übereignung ihrer selbst, die sich in zarter Zuneigung und in der Tat bewährt, und durchdringt ihr ganzes Leben (...) Diese Liebe wird durch den eigentlichen Vollzug der Ehe in besonderer Weise ausgedrückt und verwirklicht. Jene Akte also, durch die die Eheleute innigst und lauter eins werden, sind von sittlicher Würde; sie bringen, wenn sie human vollzogen werden, jenes gegenseitige Übereignetsein zum Ausdruck, und vertiefen es, durch das sich die Ehegatten gegenseitig in Freude und Dankbarkeit reich machen. Diese Liebe, die auf gegenseitiger Treue gegründet und in besonderer Weise durch Christi Sakrament geheiligt ist, bedeutet unlösliche Treue, die in Glück und Unglück Leib und Seele umfasst und da-rum unvereinbar ist mit jedem Ehebruch und jeder Ehescheidung. Wenn wirklich durch die gegenseitige und bedingungslose Liebe die gleiche personale Würde sowohl der Frau wie auch des*

Mannes anerkannt wird, wird auch die vom Herrn bestätigte Einheit der Ehe deutlich.
(Aus: Pastorale Konstitution über die Kirche in der Welt von heute »Gaudium et spes«.)

Evangelische Ethik sieht den ganzen Komplex der Geschlechtlichkeit in die Verantwortung der Eheleute gestellt. Diese heiraten auf dem Standesamt und erhalten in der Kirche einen Segen für ihren gemeinsamen Weg. In der katholischen Kirche zählt die Ehe zu den *Sakramenten* und wird erst im Traugottesdienst beschlossen, geschlossen jedoch erst im Vollzug. Erst vor tausend Jahren wurde aus der Eheschließung eine kirchliche Angelegenheit. Bis dahin heirateten die Paare ohne kirchliche Einflussnahme nach *»heidnischer«* Sitte unter der Dorflinde. Dann gab es einen Segen – vor der verschlossenen Tür des Gotteshauses. Erst im Mittelalter zog die Kirche die Ehegerichtsbarkeit an sich, damit einher ging die Bestimmung, dass einzig die kirchlich geschlossene Ehe gültig sei.
Äußerlich ähneln sich die Zeremonien der beiden großen Konfessionen. In etwa haben die Brautleute dieses Gelöbnis abzulegen:

Ich erkläre vor Gott und der Gemeinde, dich N. N. zu meinem Ehemann / zu meiner Ehefrau zu nehmen. Ich verspreche, den Bund mit dir in Freud und Leid heilig zu halten, bis der Tod uns scheidet.

Das Brautpaar zieht feierlich in die Kirche ein und nimmt vor dem Altar Platz. Gebet, Schriftlesung und Predigt bilden den ersten Teil, der zum eigentlichen Trauakt hinführt. Dazu gehören die übereinstimmende Erklärung, die Ehe eingehen zu wollen (»Konsens«), das Treueversprechen, der Ringtausch und ein spezieller Segen. Mit einer Abendmahls- bzw. *Eucharistie-*

feier kann der Gottesdienst fortgesetzt werden. Das »weltliche« Fest zu Hause oder im Gasthaus ist dann von zahlreichen regionalen Bräuchen bestimmt.

Da kamen die Pharisäer zu ihm, die ihm eine Falle stellen wollten, und fragten: Darf man seine Frau aus jedem beliebigen Grund aus der Ehe entlassen? Er antwortete: Habt ihr gelesen, dass der Schöpfer die Menschen am Anfang als Mann und Frau geschaffen hat und dass er gesagt hat: Darum wird der Mann Vater und Mutter verlassen und sich an seine Frau binden, und die beiden werden ein Fleisch sein? Sie sind also nicht mehr zwei, sondern eins. Was aber Gott verbunden hat, das darf der Mensch nicht trennen. Da sagten sie zu ihm: Wozu hat dann Mose vorgeschrieben, dass man (der Frau) eine Scheidungsurkunde geben muss, wenn man sich trennen will? Er antwortete: Nur weil ihr so hartherzig seid hat Mose euch erlaubt, eure Frauen aus der Ehe zu entlassen. Am Anfang war das nicht so. Ich sage euch: Wer seine Frau entlässt, obwohl keine Unzucht vorliegt, und eine andere heiratet, der begeht Ehebruch.
Da sagten die Jünger zu ihm: Wenn das die Stellung des Mannes in der Ehe ist, dann ist es nicht gut zu heiraten. Jesus sagte zu ihnen: Nicht alle können dieses Wort erfassen, sondern nur die, denen es gegeben ist.
(Matthäusevangelium 19,3-11)

Was Jesus über die Scheidung sagt, scheint eindeutig. Die Kirchen haben sich mit diesem absoluten Wort schwer getan angesichts der vielen Ehen, die offenkundig keine heilsame Verbindung mehr darstellten. In der katholischen Tradition ist eine offizielle Scheidung nicht möglich. Die Ehe wird einzig durch den Tod eines der beiden Partner geschieden. Möglich ist höchstens eine nachträgliche Annullierung der Ehe, also die rechtliche Fiktion, die Ehe habe gar nicht bestanden. Das ist möglich, wenn zum Beispiel

- die Ehe gar nicht »vollzogen« wurde (kein Beischlaf nach der Trauung),
- die Ehe unter Zwang geschlossen wurde,
- es von Anfang an an Ehewillen mangelte,
- ehenotwendige Bedingungen nicht erfüllt waren (z. B. *Fähigkeit zum ehelichen Akt*).

Diese Konzeption sieht ein Scheitern der Ehe nicht vor. Probleme der Partner allein reichen nicht aus, um eine Trennung zu rechtfertigen.
Die evangelische Tradition hat die Scheidung zwar verpönt, aber zugelassen als Ausdruck menschlicher Schwäche. Im Evangelischen Erwachsenenkatechismus von 1975 heißt es:

Es gilt also ein Doppeltes: Nach Gottes Willen ist die Ehe unauflösbar (»ein Fleisch« = ein lebendiges Ganzes, dessen Auseinandertrennung der Tod herbeiführt). Der Mensch kann den Willen Gottes in Bezug auf die Ehe verfehlen (»Herzenshärtigkeit«).
Evangelisches Verständnis der Ehe hat dieser Doppelheit Rechnung zu tragen. Das heißt erstens: Ehe ist in ihrem Wesen unauflösbar, aber dies bedeutet nicht, dass sie in keinem Fall geschieden werden kann. Das heißt zweitens: Menschen können den Willen Gottes in Bezug auf die Ehe verfehlen, aber das bedeutet nicht, dass wir den Willen Gottes nicht mehr ernst zu nehmen brauchen und die Ehe für eine jederzeit kündbare Bindung halten dürfen.

Eine zeitgenössische Erklärung zur Scheidung sagt: In einem Zeitalter, da sich die Ehe großen Belastungen ausgesetzt sieht, sei sie der Preis für die Stabilität der Ehe. Unreif geschlossene oder über die Jahre verdorbene Beziehungen, kurz: gescheiterte Ehen bedürfen der Scheidung, da sonst die Ehe an sich Schaden nimmt.
Die Schriftstellerin Svende Merian (*1955) hat im Jahr 1986 einen Band mit »Scheidungspredigten« herausgegeben (Darmstadt und Neuwied 1986). In einer heißt es:

Die Scheidung ist keine irreparable Katastrophe oder gar eine unvergebbare christliche Schuld. (...) Der Weg nachher mag voller Wunden und Schmerzen sein, aber er ist ein Weg, der vor Gott und mit ihm weiterführt und darum auch unter uns Platz haben muss. Wenn es gilt, dass weder Hohes noch Tiefes noch irgendein anderes Geschöpf uns von der Liebe Gottes scheiden kann, dann kann uns auch die Scheidung nicht von ihm scheiden.

Verantwortungs- oder Prinzipienethik?
Geburtenregelung

Die evangelische Ethik betont die Verantwortung der Partner. Es ist Sache der Liebe zu entscheiden, wann Empfängnisverhütung gerechtfertigt oder gar geboten sei. Aus einem Arbeitspapier der EKD (= Evangelische Kirche in Deutschland) geht hervor, dass man keineswegs durch Akzeptanz der Verhütung der *Promiskuität* das Wort reden wolle:

> *Wenn es zu dem Geschlechtsverkehr Unverheirateter kommt, besteht ebenso wie in der Ehe die Verantwortung für eine mögliche Elternschaft. Wenn die Bereitschaft zur Übernahme der Verantwortung für ein Kind fehlt, ist die Anwendung empfängnisverhütender Mittel unvermeidlich. Keinesfalls aber sollte im Vertrauen auf die Sicherheit empfängnisverhütender Mittel der Geschlechtsverkehr von der partnerschaftlichen Verantwortung isoliert und mit der dadurch ausgeschalteten Furcht vor Schwangerschaft jeder Geschlechtsverkehr gerechtfertigt werden.*

Restriktiv zeigt sich dagegen die katholische Position. Nach der Aufbruchsstimmung des Konzils hoffte man auch auf eine weniger ängstliche Bewertung der »Pille«, die in den sechziger Jahren des 20. Jahrhunderts auf den Markt kam. Das Gegenteil trat ein: Papst Paul VI. verurteilte mit der Enzyklika »Humanae Vitae« sämtliche Methoden der Familienplanung, ließ einzig die Nutzung der zyklusabhängigen unfruchtbaren Tage als vereinbar mit der Lehre der Kirche gelten. Ansonsten müsse jeder Akt grundsätzlich für die Zeugung offen sein:

In Übereinstimmung mit diesen Leitsätzen der menschlichen und christlichen Auffassung über die Ehe müssen Wir erneut erklären, dass die direkte Unterbrechung des bereits eingeleiteten Zeugungsvorgangs und vor allem die direkt gewollte herbeigeführte Schwangerschaftsunterbrechung, auch wenn sie aus therapeutischen Gründen geschieht, als erlaubte Wege der Geburtenregelung absolut auszuschließen sind. Gleichermaßen ist, wie es das Lehramt schon wiederholt erklärt hat, die direkte, dauernde oder zeitweilig begrenzte Sterilisation des Mannes wie der Frau auszuschließen; außerdem ist auch jede Handlung davon ausgeschlossen, die sich entweder in Voraussicht oder während des Vollzuges des ehelichen Akts oder darauf folgend beim Ablauf seiner natürlichen Auswirkungen die Verhinderung der Fortpflanzung zum Ziel oder Mittel zum Zweck setzt.

Dissens herrscht zwischen den Kirchen also in diesem Punkt. Mehr Einigkeit besteht angesichts der Problematik der Abtreibung. Die katholische Kirche kann die Tat unter keinen Umständen rechtfertigen. Jene Frauen jedoch, die sich nicht anders zu helfen wussten, als abzutreiben, will sie nicht verurteilen. Auch die evangelische Kirche gibt zu bedenken, dass die Abtreibung eine Tötung beginnenden Lebens ist und – selbst wenn sie rechtlich erlaubt sei – in der Verantwortung der Eltern liege. Sie hat gegen eine medizinische Indikation, die die Mutter schützt, nichts einzuwenden, lehnt jedoch die soziale ab. Wie die Abtreibung angesichts einer Vergewaltigung oder einer zu erwartenden Behinderung des Kindes zu bewerten sei, ist strittig.
Den Kirchen wurde bisweilen vorgeworfen, ihr Aufschrei gegen die Abtreibung sei laut gewesen, ihre Kritik am Wahnsinn des *overkill* dagegen lau ...

Wider die Natur?
Sexualität außerhalb der Ehe

Du sollst nicht ehebrechen!
(2. Mose 20,14 und andere textgleiche Stellen)

So lautet das sechste der Zehn Gebote; auch Jesus erhob diese Forderung. Daraus wurde in der Tradition der christlichen Moraltheologie immer mehr als nur das Verbot eines »Seitensprungs« interpretiert: jegliche Sexualität außerhalb der Ehe sei verwerflich, wenn auch graduell unterschiedlich zu bewerten. *Martin Luther* kommentiert in seinem Großen Katechismus:

Das Verbot richtet sich aber auch gegen Unkeuschheit jeder Art. Weil aber bei uns ein solch schändliches Durcheinander und ein solcher Bodensatz aller Untugend und Büberei ist, ist dieses Gebot auch gegen die Unkeuschheit samt und sonders gerichtet, wie man sie nennen mag. Und zwar ist nicht bloß äußerlich das Tun verboten, sondern auch alles, was Anlass, Anreizung und Mittel dazu ist. So soll also Herz, Mund und der ganze Leib keusch sein und der Unkeuschheit keinen Raum, keine Hilfe und keinen Rat geben. Und nicht bloß das, sondern man soll auch Einhalt tun, schützen und retten, wo solche Gefahr und Not ist, und andererseits helfen und raten, dass der Nächste in Ehren bleibe. Denn wenn du das versäumst, wo du es doch verhindern könntest oder wenn du daran vorbeisiehst, als ginge es dich nichts an, so bist du in gleichem Maße schuldig als der Täter selbst. Demnach ist, um es kurz zusammen zu fassen, so viel gefordert, dass ein jeder sowohl für sich keusch lebe als auch dem Nächsten dazu helfe; Gott will also durch dieses Gebot einen jeden Ehegemahl mit Schranken umgeben und bewacht haben, dass sich niemand daran vergreife.

Der Wunsch, das normabweichende Tun des Volkes zu klassifizieren, trieb eigenwillige Blüten. So nannten die Dogmatiker Ehebruch, Inzest und Vergewaltigung zwar eine Sünde, doch sie sei »gemäß der Natur« (weil der Vollzug dem ehelichen Akt äußerlich gleiche). »Wider die Natur« und deswegen schwerer wiegend seien Masturbation, Empfängnisverhütung und Homosexualität zu beurteilen. Hier werde die Natur auf den Kopf gestellt.

Heute wird im Allgemeinen jedes entwürdigende Tun (Vergewaltigung, Pornographie, Prostitution) strenger verurteilt als sexuelle Handlungen, die freiwillig vollzogen, aber ethisch unerlaubt sind (wie Unkeuschheit oder Unzucht, also eine Vereinigung von einem Mann und einer Frau, die nicht miteinander verheiratet sind).

Ehebruch kann im Christentum nicht gutgeheißen werden. Und doch scheint eine neue Sichtweise der Moral möglich: Wenn, wie Jesus sagt, eigentlich schon der Flirt, das erotische Knistern zwischen einer Frau und einem Mann einen Ehebruch darstellt – wer kann dann noch jene verdammen, die in ihrer Schwachheit den Gefühlen nachgeben und die Tat vollbringen?

Sich selbst zu befriedigen, das war stets verpönt, galt als Befleckung; und gar nicht so lange sind jene Zeiten vorbei, in denen man vor »Rückenmarkserweichung« warnte, die dieses Tun mit sich brächte. Der strenge Rat: Hände über die Bettdecke.

Die Sexualwissenschaft unserer Tage lehrt, Masturbation könne als Erfahrung für die Entwicklung der Orgasmusfähigkeit hilfreich sein. Während die evangelische Moral das anerkennt und nur vor einem »Zuviel« warnt, spricht die katholische von einer »ernsten sittlichen Verfehlung«.

Welche dramatischen Auswirkungen das auf zölibatär lebende Menschen in Priesteramt oder Kloster haben kann, beschreibt *Eugen Drewermann* in seinem Buch über die Kleriker:

> *Immer, wenn »es« wieder »passiert« ist, kommt es nach so vielen Abwehrbemühungen zu einem Zusammenbruch der gesamten moralischen Persönlichkeit, einer wirklichen Katastrophe dramatischer Ohnmachtgefühle und hilfloser Selbstanklagen; wenn man Dinge, die absolut natürlich sind, unter moraltheologischem Zwang als Laster kennen lernt, bleibt dem Ich keine andere Wahl, als sich über kurz oder lang wie ein Süchtiger zu fühlen und von einem gewissen Punkt der Neurotisierung an auch wirklich süchtig zu werden. Ein Teufelskreis entsteht, in dem die Spirale von Angst, Schuldgefühl, Ohnmacht und Versagen immer von neuem weiter gedreht wird durch alle möglichen Bemühungen von asketischer Selbstkontrolle, verzweifelten Fluchtreaktionen und den guten Vorsätzen des »Niemals mehr wieder«. Die Summe von all dem stellt sich dar in einem immer stärker werdenden Minderwertigkeitsgefühl, in einem immer schwächer werdenden Ich und damit in einer fortschreitenden Auszehrung gerade derjenigen Kräfte, durch welche so etwas wie moralische Selbststeuerung überhaupt nur möglich ist. Speziell in der Onanieproblematik ist der Teufelskreis von moralischer Überanstrengung, Frustration, Minderwertigkeitsgefühl und reaktiv überhöhtem neuerlichem Moralanspruch besonders fatal.*
> *(aus: Eugen Drewermann: Kleriker. Psychogramm eines Ideals. Olten 1989.)*

Vorsichtige Neubewertung
Homosexualität

Ihre Frauen haben den natürlichen Verkehr vertauscht mit dem widernatürlichen; desgleichen haben auch die Männer den natürlichen Verkehr mit den Frauen verlassen und sind in Begierde zueinander entbrannt und haben Mann mit Mann Schande getrieben und den Lohn ihrer Verirrung, wie es ja sein musste, an sich selbst empfangen.
(Römerbrief 1,26-27)

Das Neue Testament erwähnt Homosexualität nur an ein paar Stellen, jedoch immer negativ. Diese wenigen – zudem kontextabhängigen – Sätze haben genügt, gleichgeschlechtliche Liebe abzuwerten.

Eine geschlossene evangelische Position existiert nicht. Die Angst vor der Homosexualität entspringe der Angst vor der Sexualität überhaupt, heißt es; die Vorbehalte würden immer noch aus dem Glauben gespeist, Sex habe eigentlich die Aufgabe, Nachkommenschaft zu zeugen. Das ist ja bei Schwulen und Lesben nicht gegeben. Deswegen mangele es ihnen an »personaler Ganzheit«; kein andersgeschlechtliches Gegenüber vervollständige sie. Eine gemäßigtere Sichtweise sieht homosexuelle Gemeinschaften den gleichen Anforderungen ausgesetzt wie *heterosexuelle*; es komme auf die Liebe an. In jenen europäischen Ländern, die gleichgeschlechtliche Partnerschaften staatlich anerkennen, sind die evangelischen Kirchen auf dem Weg, dies auch theologisch nachzuvollziehen. In Dänemark beispielsweise werden rein männliche bzw. rein weibliche Paare auch kirchlich getraut.

Wohlmeinend klingt, was der Weltkatechismus der Katholischen Kirche sagt. Seine Haltung ist angesichts der kalten Verurteilung in der Vergangenheit geradezu freundlich. Homosexualität wird zwar nicht mehr zu den Sünden gezählt. Angemessen sei jedoch, diese Neigung nicht zu leben – sprich: Askese zu üben und nicht sexuell zu verkehren. Allerdings bleibt es höchst fraglich, ob sich die »Betroffenen« verstanden fühlen:

Eine nicht geringe Anzahl von Männern und Frauen sind homosexuell veranlagt. Sie haben diese Veranlagung nicht selbst gewählt; für die meisten von ihnen stellt sie eine Prüfung dar. Ihnen ist mit Achtung, Mitleid und Takt zu begegnen. Man hüte sich, sie in irgendeiner Weise ungerecht zurückzusetzen. Auch diese Menschen sind berufen, in ihrem Leben den Willen Gottes zu erfüllen und, wenn sie Christen sind, die Schwierigkeiten, die ihnen aus ihrer Veranlagung erwachsen können, mit dem Kreuzesopfer des Herrn zu vereinen.
(aus: Katechismus der Katholischen Kirche. München 1993.)

Um des Himmelreiches willen
Askese

Die offizielle christliche Einstellung zur Sexualität war lange Zeit höchst skeptisch: man meinte, Lust und Leidenschaft seien dem Glauben abträglich. Das höchste Ziel – die Vereinigung mit Gott – sei nur bei größtmöglicher sexueller Abstinenz möglich.

Einige sind von Geburt an zur Ehe unfähig; andere sind von Menschen zur Ehe unfähig gemacht, wieder andere haben sich selbst zur Ehe unfähig gemacht um des Himmelreiches willen. Wer es fassen kann, der fasse es.
(Matthäusevangelium 19,12)

Wie dieses Jesuswort zu verstehen, ob es authentisch oder eine nachträgliche Einfügung in das Evangelium sei, darüber wird bis heute gestritten. Schließlich waren die »ersten Christen«, also die Frauen und Männer im Freundeskreis Jesu, alle verheiratet. Nur über eine Paar-Beziehung von Jesus wissen wir nichts.

Der Zölibat für katholische Priester entwickelte sich erst im Laufe der Jahrhunderte. Die zunehmend negativere Einstellung zur Sexualität schien mit den heiligen Handlungen der Geistlichen nicht kompatibel zu sein. (Unter anderem wird auch in diesem »Reinheitsdenken« eine Ablehnung der Frau als Priesterin zu suchen sein). Erst Ende des 11. Jahrhunderts verpflichtete der Papst alle Kleriker zum Zölibat. Ein Bruch dieses Ehelosigkeitsgelübdes schien noch viel schlimmer als ein »normaler« Ehebruch, was Legenden belegen: So hatte man einen keuschen Einsiedler im Kerker eingesperrt und wollte ihn mittels einer Dirne von seinem asketischen Lebenswandel abbringen. Der aber, als er tatsächlich eine Erektion verspürte, biss sich die Zunge ab und spuckte sie der Frau ins Gesicht. Einem keuschen Papst Leo küsste eine schöne Frau die Hand, was ihm ungewohnte und unangenehme Gefühlswallungen bescherte. Er zögerte nicht lange, sondern hackte sich die besudelte Hand umgehend ab. Allerdings fügte die Jungfrau Maria sie wieder an ... Über die sexuelle Askese der Ordensleute spottete *Martin Luther* einst:

> *Gott hat dem Leib die Glieder, Adern, Ausflüsse und alles, was dazu dient, gegeben und eingesetzt. Wer nun diesem wehren will und nicht lassen gehen, wie die Natur will und muss, was tut der anders, denn er will wehren, dass Natur nicht Natur sei, dass Feuer nicht brenne, Wasser nicht netze, der Mensch nicht esse noch trinke noch schlafe. Aus dem schließe ich nun, dass Nonnen in Klöstern müssen unwillig keusch sein und ungern Männer entbehren.*

Dennoch: Die Furcht, die Sittsamkeit durch unkeusche Gedanken, allein schon durch Nacktheit zu verletzen, prägte Generationen von Christen.

Ein zerbrechliches Geschenk
Sexualität als Teil des Lebens

Obwohl das Christentum heute beinahe bankrott ist, prägt es noch immer entscheidend unsere Sexualmoral, sind die formalen Beschränkungen unseres Geschlechtslebens grundsätzlich noch fast wie im 15. oder 5. Jahrhundert, wie zur Zeit von Luther oder Augustin. Das aber betrifft jedermann in der westlichen Welt, selbst Nichtchristen und Antichristen.
(aus: Karlheinz Deschner: Das Kreuz mit der Kirche. Düsseldorf 1987.)

Karlheinz Deschner, der größte zeitgenössische Kritiker des Christentums in Deutschland, mag polemisieren, aber er hat Recht. Die restriktive moralische Ahndung abweichenden Verhaltens im Bereich Sexualität hat viele Menschen in ihrer intimsten Privatsphäre belastet. Die Doppelmoral vieler Theologen, die selbst nicht hielten, was sie lautstark forderten, hat die ganze religiöse Ethik in Misskredit gebracht.

Heute allerdings können die Kirchen nicht mehr bestimmen, was das gläubige Volk zu tun oder zu lassen habe, sie können nurmehr re-agieren auf gesellschaftliche Prozesse, die auch Christen erfassen. Die offiziellen Positionen wandeln sich und werden moderater: Sexualität wird als Möglichkeit gepriesen, Liebe und Zuneigung auszudrücken, der gerechten Eigenliebe wie der Nächstenliebe und der sozialen Verantwortung Ausdruck zu verleihen.

Eine soziologische Untersuchung zur Frage, ob der Glaube an Gott gesund mache, brachte überraschende Ergebnisse: Glaubende wären seltener krank, lebten länger, stürben leichter und – hätten den glücklicheren Sex!

Islam

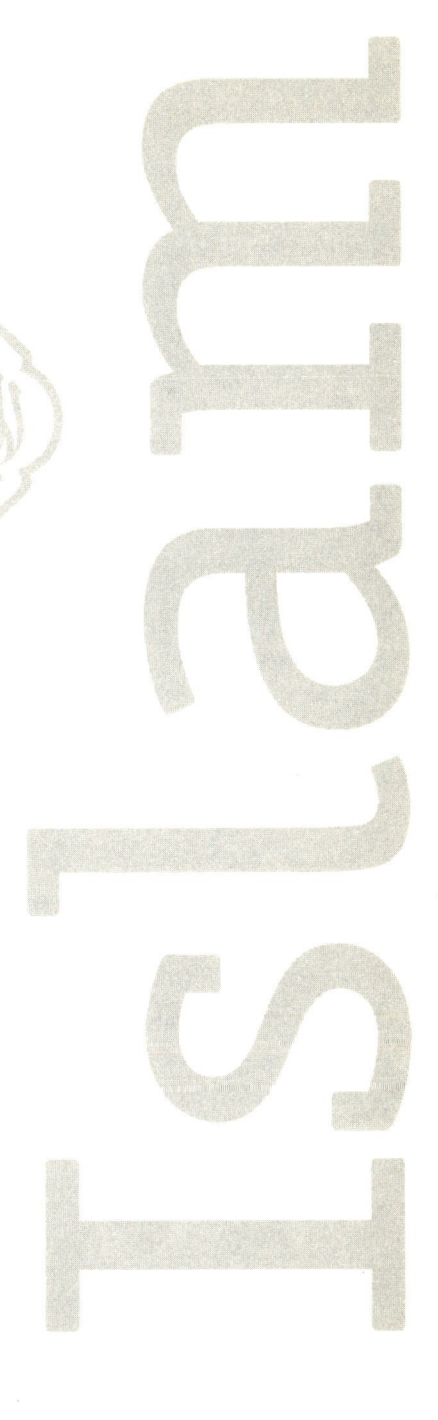

Hingabe an den Einen Gott
Die Religion

»Allahu akbar«, ruft der *Muezzin* vom *Minarett*: »Gott ist groß!« – genau übersetzt: »Gott ist größer!« Damit ist die Kernaussage dieser Religion schon gemacht: Es geht um die Hingabe an den allmächtigen, allwissenden und barmherzigen Gott. Das arabische Wort für Gott ist »Allah«; Allah ist also kein Name. Hingabe heißt auf Arabisch: »Islam«. Und diejenigen, die sich hingeben, sind die »Muslime«. Mit ca. 1,2 Milliarden Anhängerinnen und Anhängern ist der Islam die zweitgrößte Religion der Menschheit.

Der Islam entstand im 7. Jahrhundert nach christlicher Zeitrechnung. Der 570 geborene Kaufmann Mohammed erlebte in seinem 40. Lebensjahr die Berufung zum Propheten. Für Muslime sind die Begriffe »Mohammed« und »der Prophet« identisch.

In seiner Heimatstadt *Mekka*, einem Wallfahrtsort für verschiedene Götter, predigte er, es gebe nur einen Gott, nicht viele. Mohammed fand Anhänger seiner Lehre, musste sich jedoch auch gegen Feinde behaupten, die ihr einträgliches Geschäft mit den Pilgern bedroht sahen. 622 verließ Mohammed mit seinen Leuten *Mekka* und floh nach Jathrib; dieser Ort wurde dadurch zu »Medina«, der »Stadt« (nämlich des Propheten). Diese Übersiedlung – »Hidschra« genannt – markiert den Beginn der muslimischen Zeitrechnung. Nach einigen Konflikten und Kriegen gelang es Mohammed schließlich, *Mekka* wieder für sich zu gewinnen. So starb Mohammed als anerkannter Führer seiner muslimischen Glaubensgemeinschaft, die von Anfang an keine ethnischen Begrenzungen kannte, im

Jahr 632. Der Prophet verstand sich – mit dem Koran gesprochen – als Warner und Verkünder der Frohen Botschaft an alle Menschen. Der erste *Muezzin* beispielsweise war Bilal, ein freigelassener schwarzer Sklave.

Mohammed ist für die Muslime nicht der Sohn Gottes oder ein Messias, sondern der Gesandte Gottes. Ihm, der (wie es heißt) nicht lesen und schreiben konnte, wurde nämlich in Visionen von einem Engel der Koran offenbart, das Heilige Buch. Nach muslimischem Glauben ist der Koran seit Erschaffung der Welt im Himmel verzeichnet. Wort für Wort wurde er Mohammed mitgeteilt (auf Arabisch, weil das seine Sprache war), der ihn dann anderen verkündete, die das Gehörte später aufschrieben. Über 23 Jahre hinweg ereigneten sich die Offenbarungen des Wortes Gottes. Die 114 Kapitel des Koran, Suren genannt, enthalten ohne Trennung Aussagen über den Glauben, Anweisungen für den Gottesdienst oder das Fasten, Gesetze, Gebete, Hymnen und Geschichten. Die Worte des Koran – dem Propheten Mohammed offenbart – sind aber nicht Mohammeds Gedanken, sondern Gottes Wort. Nicht die Person des Propheten steht bei den Muslimen im Mittelpunkt, sondern das Buch: der Koran. Deswegen ist es auch nicht richtig, von »Mohammedanern« zu sprechen.

Muslime sehen sich in der monotheistischen Tradition *Abrahams*, verehren auch *Noah*, *Mose*, Jesus und andere als Propheten Gottes. Muslime gibt es auf der ganzen Welt, die meisten leben in Nordafrika, Indonesien, auf der arabischen Halbinsel und in verschiedenen Teilen Asiens. Da der Islam selbst auch eine Kultur ist, prägt er in jenen Staaten, in denen die Mehrheit der Bevölkerung sich zu ihm bekennt, die Kunst, das Rechtswesen, das Bildungssystem, sogar die wirtschaftlichen Beziehungen. In anderen Teilen der Welt – in Europa oder Amerika beispielsweise – wird der Islam dagegen auch von sei-

ner nichtmuslimischen Nachbarschaft geprägt. Diese Faktoren bedingen, dass der Islam überall ein anderes Gesicht hat. Darüber hinaus gibt es verschiedene »Konfessionen«, die sich in Fragen der Interpretation des Korans, der überlieferten Worte Mohammeds oder der Nachfolgeregelung des Propheten unterscheiden. Alle gemeinsam bilden aber über die Abweichungen hinweg die »Umma«, die Gemeinschaft aller Muslime.
Sie alle verbinden die »Fünf Säulen« des Islam. Die Erste ist der rechte Glaube, der sich im kurzen islamischen Glaubensbekenntnis, der »Schahada«, ausdrückt:

> *Es gibt keinen Gott außer Allah und Mohammed ist der Gesandte Gottes!*

Die zweite Säule ist das rituelle Pflichtgebet, das nach einem vorgeschriebenen Ablauf von Gebeten, Koranrezitationen und Niederwerfungen in Richtung *Mekka* vollzogen wird. Es soll eigentlich jeden Tag fünfmal stattfinden, verdichtet sich jedoch auf das Freitagsgebet, zu dem erwachsene Männer verpflichtet sind.
Als dritte Säule wird das Fasten im Monat Ramadan angesehen; während dieses Monats dürfen Muslime tagsüber nichts essen, trinken, sich nicht parfümieren oder Sexualität erleben. Die Genussverbote sind jedoch bedeutungslos ohne die mit ihnen verbundene Forderung nach moralischer Umkehr und Versöhnung. Das Fasten endet jeweils mit Sonnenuntergang und beginnt wieder nach Sonnenaufgang. Am Ende des Monats wird das große Fest des Fastenbrechens gefeiert. Weil das muslimische Jahr sich nicht nach der Sonne, sondern nach dem kürzeren Mondjahr richtet, wandert jeder Monat durch die Jahreszeiten, was die täglichen Fastenstunden im Sommer lang, im Winter kurz macht.

Die Aufforderung, Almosen zu geben, gilt als vierte Säule. Die Muslime sind aufgerufen, Arme und Hilflose zu unterstützen, sei es finanziell, durch Speisungen oder auf anderen Wegen. Die letzte Säule bildet die Wallfahrt nach *Mekka*. Wer es sich irgend leisten kann, soll einmal im Leben zur heiligen Stadt reisen. Die Legende erzählt, auf deren Heiligtum – dem Stein der Kaaba – habe *Abraham* sein Ersatz-Opfer vollzogen, als er nach göttlicher Intervention davon abließ, seinen Sohn zu opfern. Muslime folgen weithin der biblischen Auffassung, dass dies Isaak war, doch eine Minderheit meint, eigentlich habe Ismael geopfert werden sollen, der Sohn von *Abraham*s Magd Hagar.

Muslime feiern Feste im Jahr und Feste im Leben: Gleich, wenn ein Kind geboren wird, flüstert man ihm die Schahada ins Ohr. Die Jungen werden in der Regel zwischen dem siebten und neunten Lebensjahr beschnitten. Zur Eheschließung wird das Paar aus dem Glauben ermahnt, außerdem betet es die Schahada. Und wenn es schließlich ans Sterben geht, so soll das Glaubenszeugnis das letzte Wort eines Muslims sein. Sein ganzes Leben ist letztlich ein Vorspiel zur *Ewigkeit* nach dem Jüngsten Tag, die Hölle heißt oder Paradies.

Merkmal des Menschlichen
Das Wesen der Sexualität

Der Islam bejaht die Sexualität als grundsätzlich zum Menschen gehörende Ausdrucksform. Er erlaubt die Erotik, lehnt den Zölibat ab und ist in seiner Einstellung unkompliziert, ja eindeutig und klar: Innerhalb der Ehe hat der Beischlaf seinen Platz, außerhalb ist er streng untersagt und wird mit scharfen Strafen bedacht.

Weil immerzu das Abweichen vom Ideal droht und die schwache menschliche Natur dazu neigt, unzüchtig zu werden, wird der gemeinschaftliche Umgang der Geschlechter skeptisch betrachtet. Automatische Folge ist ein weitgehendes geschlechtsspezifisch strukturiertes Leben; Frauen und Männer leben in der Öffentlichkeit in unterschiedlichen Welten und bevorzugen es, unter sich zu sein. Kinder haben noch zu beiden Bereichen Zugang.

Der Wunsch nach Befriedigung des Geschlechtstriebes ist legitim; der Koran, der Prophet und die islamische Tradition haben dem Sex keine übertriebene Aufmerksamkeit geschenkt, aber seinen selbstverständlichen Platz verteidigt. Allein, wenn die engen Grenzen des Erlaubten überschritten werden, ist die Verurteilung hart.

Sexualität kann zwar zur Sünde verführen, ist aber nicht aus sich heraus sündhaft. Auch ist der Sex mehr als nur notwendiges Übel zur Fortpflanzung, sondern eine Gabe Gottes. Die islamische *Anthropologie* betrachtet den Menschen als ganzheitliches Wesen, zu dem auch der Bereich des Sexuellen zählt. Aufgabe jedes Muslims und jeder Muslima ist es, damit verantwortlich umzugehen.

Neigung zur Trennung der Geschlechter
Frau und Mann

Sie sind für euch und ihr seid für sie wie eine Bekleidung.

Dieser Vers aus dem Koran (2,187) bezieht sich auf Frauen und Männer und wird gemeinhin als Grundlage für die Gleichberechtigung der Geschlechter im Islam verstanden. Mann und Frau sind zwar verschieden, aber gleich an Rechten und Pflichten und an Würde. Sie ergänzen einander. Dem Koran nach spricht Gott (3,195):

Ich werde keine Handlung unbelohnt lassen, die einer von euch begeht, gleichviel ob männlich oder weiblich. Ihr gehört ja zueinander ohne Unterschied des Geschlechts.

Dennoch haben der Koran (z. B. 2,228) und die muslimische Tradition einer patriarchalen Gesellschaftsstruktur Vorschub geleistet.

Die Männer stehen über den Frauen, weil Gott sie von Natur vor diesen ausgezeichnet hat und wegen der Ausgaben, die sie von ihrem Vermögen gemacht haben. [Ausgaben: Gemeint ist wohl die Morgengabe des Bräutigams bei der Hochzeit]

Der Islam neigt zur Trennung der Geschlechter. Frauen und Männer haben spezielle Aufgaben und sollen sich nicht unnötig begegnen. Dahinter steckt auch die Sichtweise, die Frau an sich verkörpere die Sexualität. Sexualität jedoch birgt die Gefahr der Unzucht. Wenn die muslimische Theologie auch nie die Frau als solche als Verursacherin einer »Erbsünde« angesehen hat, so meint sie doch, die Kraft des Weiblichen in Bahnen lenken zu müssen. Ein arabischer Aphorismus lautet:

Drei Dinge sind unersättlich: die Wüste, das Grab, die Vulva der Frau.

Mohammed führte zu seiner Zeit einige rechtliche Verbesserungen für Frauen ein. Zu seinen Reformen gehörte:

- Das Verbot, weibliche Neugeborene zu töten.
- Die religiöse Gleichstellung der Frau mit dem Mann.
- Die Festlegung von Bedingungen für die Scheidung.
- Die Mitsprache der Frau bei *Polygamie*.
- Das Recht der Frau auf Bildung.
- Das Recht der Frau auf Eigentum.

Besondere Wertschätzung erfährt die Frau als Gattin und als Mutter. In die Ehe hat sie unbedingt jungfräulich einzutreten. Ihre sexuelle Unversehrtheit wird von den männlichen Familienmitgliedern streng überwacht.
Der Koran verlangt von den Frauen schamhaftes Auftreten und dezente Kleidung, aber nicht ausdrücklich den Schleier. Muslime betonen, der Schleier sei kein Instrument der Diskriminierung, sondern des Schutzes der Frauen. Heute ist er außerdem, wenn nicht an erster Stelle, zu einem Symbol des Bekenntnisses zum Islam geworden.
Menstruation und Geburt machen die Frau rituell unrein. Dafür ist sie während der Periode von der täglichen Gebetspflicht befreit. Auch im Fastenmonat Ramadan gibt es für die Zeit der Monatsblutung, während Schwangerschaft und Kindbett Erleichterungen.

Als ein junger Mann zum Propheten kam und fragte: Welcher Mensch beansprucht an erster Stelle und mit Recht meine gute und treue Freundschaft?, antwortete Mohammed: Deine Mutter.
Der Mann fragte weiter: Und dann?
Deine Mutter, antwortete Mohammed.
Wieder fragte der Mann: Und dann?
Deine Mutter, kam zur Antwort.
Zum vierten Male fragte der junge Mann: Wer dann?
Dann dein Vater, antwortete der edle Prophet Mohammed.

Bei aller Verehrung für die angestammte Rolle der Frau als Gattin und Mutter, wächst in der islamischen Welt auch das Selbstbewusstsein der Musliminnen, die mehr Teilhabe an gesellschaftlicher Verantwortung und freieren Umgang einfordern. Eine Art islamischer Frauenbewegung sucht – auf dem Fundament des Glaubens, also *mit* und *nicht gegen* den Koran – nach ihrem Weg. So heißt es von Fatima Grimm in einem Beitrag über die »Frau im Islam« aus dem Jahre 2000:

Mit dem wachsenden Selbstbewusstsein der Muslima geht auch ein Umdenken im Bezug auf das Verhältnis zwischen muslimischen Eheleuten einher. Im Koran ist von der idealen gläubigen Frau die Rede, die gehorsam und demütig ist. Das ist über viele Jahrhunderte in traditionell ausgerichteten Muslimkreisen als Gehorsam und Demut dem Ehemann gegenüber ausgelegt worden. Wenn man jedoch auf den arabischen Ursprung dieser Formulierung zurückgeht, wird eindeutig klar, dass nur der Gehorsam und die Demut Gott gegenüber gemeint sind. Denn im selben Vers wird auch vom Gehorsam und der Demut des gläubigen Mannes gesprochen, und den Mann möchte ich erleben, der sich als seiner

Frau gegenüber gehorsam und demütig bezeichnen lassen möchte – da würde er ja sein Gesicht vor den männlichen Familienangehörigen und Freunden verlieren.
(aus: Fatima Grimm: Die Frau im Islam, in: Tilman Hannemann und Peter Meier-Hüsing (Hg.): Deutscher Islam – Islam in Deutschland. Marburg 2000.)

Was die Beschneidung angeht, so zählt sie bei männlichen Muslimen zur *Initiation* in die Glaubensgemeinschaft, obwohl sie vom Koran nicht vorgeschrieben ist. Theoretisch kann sie zwischen dem 7. Tag nach der Geburt und dem 14. Lebensjahr vollzogen werden; praktisch sind die Kinder etwa sieben bis neun Jahre alt. Früher vom Barbier vorgenommen, werden heute die Beschneidungen der Penisvorhaut von Spezialisten in Kliniken ausgeführt. Für den Knaben ist es ein großer Tag: seine Schmerzen werden mit großen Geschenken zu lindern versucht. Man schmückt und kleidet ihn prächtig, Verwandte und Freunde gratulieren zu diesem Fest.

Die Beschneidung von Frauen wird nur in jenen Ländern praktiziert, die sie bereits in vorislamischer Zeit kannten, vor allem in Nordafrika. Die Mädchenbeschneidung – ausschließlich von Frauen ausgeführt – hat keinen religiösen Rückhalt, wird aber dennoch von Generation zu Generation weitergegeben.

Die *Sufis*, Mystiker des Islams, kümmerten sich nicht um solcherlei Dinge, wohl aber wussten sie über das weibliche Geschlecht Positives zu sagen, nämlich:

In der Vagina des Weibes liegt Heilung.

»Zeichen für Leute, die nachdenken«
Ehe und Familie, Heirat, Scheidung

Die Ehe ist im Islam nicht eine Art *Sakrament*, aber eine religiöse und rechtliche Angelegenheit, die jeden angeht. Zwar besteht kein regelrechtes Ehegebot, also keine Verpflichtung, heiraten zu müssen. Aber die Ehe wird, zumal sie vom Propheten geschätzt wurde, dringend angeraten. Wer das Brautgeld bezahlen und sich auch Kinder leisten kann, wer gesund ist – der soll auch heiraten. Sonst droht ihn ja die Unzucht zu übermannen. In früheren Zeiten war die Ehe für Frauen obligatorisch, da ihnen sonst kaum ein anderer Weg zur Bestreitung ihres Lebensunterhaltes offen stand.

Mohammed sagte, die Ehe sei die Hälfte seiner Religion – ein Schild gegen die sexuelle Freiheit und eine Förderung des Zusammenhaltes der Muslime für den Gottesdienst. Es wird erzählt:

Drei Männer kamen zu den Wohnungen der Frauen des Gesandten Gottes und erkundigten sich nach der frommen Praxis des Propheten. Als sie es hörten, schienen sie, als würden sie es für gering halten. Sie sagten: Was sind wir denn gegenüber dem Gesandten Gottes, wo ihm seine frühere und seine spätere Schuld vergeben worden ist. Der eine sagte: Ich aber bete die ganze Nacht durch. Der andere sagte: Ich faste die ganze Zeit und breche das Fasten nie. Der Dritte sagte: Ich enthalte mich der Frauen und heirate nie. Der Gesandte Gottes kam hinzu und sagte: Seid ihr es, die dieses und jenes gesagt haben? Bei Gott, ich bin sicher unter euch derjenige, der Gott am meisten fürchtet und am frömmsten ist, und ich heirate Frauen. Wer sich von meinem Weg abwendet, gehört nicht zu mir.

Im Koran (30,21) heißt es über die Ehe:

Und zu seinen Zeichen gehört es, dass er auch euch selber Gattinnen erschaffen hat, indem er zuerst ein Einzelwesen und aus ihm entsprechende Wesen machte, damit ihr bei ihnen wohnet. Und er hat bewirkt, dass ihr einander in Liebe und Erbarmen zugetan seid. Darin liegen Zeichen für Leute, die nachdenken.

Die Ehe ist nicht Gegenstand ausführlicher theologischer Betrachtungen, aber Sammelpunkt vieler rechtlicher Diskussionen. Zum Beispiel in der Frage der Mehrehe. In vorislamischer Zeit war die *Polygamie* in Arabien gang und gäbe: ein Mann hatte viele Frauen. Auch der Islam hielt daran fest, vielleicht, um jene Witwen und Waisen durch eine Ehe abzusichern, deren Gatten bzw. Väter im Kampf für den Glauben gestorben waren.

Mohammed beschränkte allerdings die Zahl der Frauen auf vier (wenngleich er selbst deren elf hatte) und setzte Bedingungen fest. Im Koran wird gemahnt, nur so viele Frauen zu nehmen, wie man gerecht behandeln, also an Zuwendung und finanzieller Sicherheit gleich halten kann. Sieht ein Mann sich dazu nicht in der Lage, ist es klüger, in der Einehe zu bleiben. Manche Korangelehrten halten die gerechte Behandlung mehrerer Frauen prinzipiell für unlösbar und plädieren grundsätzlich für die Einehe.

Die islamische Welt urteilt in der Frage unterschiedlich. In einigen Ländern ist die *Polygamie* gesetzlich verboten, in anderen zumindest zugelassen. Die meisten muslimischen Ehen sind *monogam*. Es kann aber zur Zweitehe des Mannes kommen, wenn dadurch eine außereheliche Beziehung legalisiert werden soll und eine etwaige Scheidung die erste Frau ohne soziale Absicherung lassen und in Schwierigkeiten stürzen würde. Wenn die erste Frau keine Kinder (oder auch nur keine Söhne) gebären kann, kommt eine Zweitehe in Betracht; auch wo sie staatlich verboten ist, wird sie in der Regel gesellschaftlich akzeptiert. Die erste Frau hat jedoch einer Zweitehe ihres Mannes zuzustimmen. Eine verheiratete Frau darf keine Zweitehe eingehen.

Zur Ehereife macht der Koran keine Aussage. Sie wird an die Geschlechtsreife gebunden, die man früher bei Mädchen bei 9 bis 12, bei Jungen bei 12 Jahren ansetzte. In den meisten Ländern ist die Altersstufe auf 15 bis 18 bei Frauen und auf 16 bis 21 Jahre bei Männern hochgesetzt worden.

Verboten ist die Ehe bei

- Blutsverwandtschaft
- Schwägerschaft
- »Milchverwandtschaft« (unter Menschen, die von der gleichen Amme gestillt wurden).

Allerdings ist sie zwischen Cousine und Vetter erlaubt. Bei Mehrehen sind Heiraten mit der Mutter, Tochter und Schwester der ersten Frau nicht gestattet.

Grundsätzlich dürfen Muslime nur solche Menschen heiraten, die an den Einen Gott glauben. Dazu zählen im weiteren Sinne neben den Muslimen selbst auch Juden und Christen, da sie ja den gleichen Gott anbeten und »*Schriftreligionen*« sind. Was das bedingte Ehehindernis Religionsverschiedenheit betrifft, so geht man davon aus, dass die Zugehörigkeit zum Islam über den Mann weitergeführt wird. Er gilt als unbeeinflussbar und trägt für die religiöse Erziehung der Kinder Verantwortung. Deswegen darf ein Muslim eine jüdische oder christliche Frau ehelichen, nicht jedoch eine Muslima einen jüdischen oder christlichen Mann. Völlig unmöglich ist jedoch eine Ehe zwischen einem Muslim und einem Hindu oder einem Buddhisten.

Eine junge Frau beklagte sich beim Propheten: Mein Vater hat mich mit seinem Neffen verheiratet, um seine Armut zu beheben. Der Prophet antwortete ihr: Wenn du willst, bestätigst du die Heirat, wenn du nicht willst, annullierst du sie.

Diese theoretische Freiheit der Wahl ist in der Praxis meist nicht gegeben. Eine Ehe wird traditionell von den Eltern der Brautleute angebahnt und entspricht am Ende einem gelungenen Vertrag zwischen den Vätern. Mancherorts wird die Ehe noch lange Zeit vor dem Heiratsalter »versprochen«, um dann bei Mündigkeit die Schließung der Ehe nachzuholen. Aber da befindet sich in der modernen Zeit vieles im Umbruch. Die Werbung der Braut geschieht durch die Familie des Mannes. Die Eltern suchen für ihren Sohn eine Frau aus. Es kann natürlich auch sein, dass der Sohn von sich aus eine Frau ins Auge gefasst hat. Das traditionelle Handanhalten beim Schwiegervater ist noch üblich.
Mohammed sagte:

Eine Frau kann man aus vier Gründen heiraten:
Wegen ihres Vermögens,
ihrer edlen Herkunft,
ihrer Schönheit und
ihrer Frömmigkeit.

Ihr Gläubige sollt versuchen, eine Frau mit der letzten Eigenschaft zu finden.

Die Braut bringt eine Aussteuer mit in die Ehe, die vollständig vom Gemeindevorsteher aufgelistet und beglaubigt wird. Der Bräutigam hat an seinen Schwiegervater den Brautpreis zu zahlen – früher die Auslösung einer Arbeitskraft, heute zumindest die Kosten der Hochzeitsfeier. In einem pakistanischen Ehevertrag heißt es:

Ich werde alle meine Tage in deiner Gesellschaft verbringen und dich mit Speisen, Kleidern und Dienstleuten erfreuen. Wenn ich bei der Durchführung meines Berufs ins ferne Ausland gehen muss, werde ich dich um Erlaubnis fragen. Bevor ich fahre, werde ich dich mit Unterhalt versorgen, der einer Dame deiner Stellung ansteht. Mein Fortbleiben soll nicht länger als sechs Monate dauern. Wenn ich bei der Wiederkehr finde, dass der Unterhalt zu kurz bemessen war, so dass du gezwungen warst zu borgen, werde ich die Schuld begleichen. Wenn nicht, werde ich kein Recht haben, dir eheliche Pflichten abzuverlangen. Du wirst berechtigt sein, von mir die restliche Summe zu verlangen, indem du mich vor Gericht verklagst.

Die Trauung selbst ist kurz und wenig formell. Mancherorts ist die Braut gar nicht persönlich bei der Eheschließung dabei, sondern lässt sich durch einen bevollmächtigten Fürsprecher vertreten. Ein Imam spricht Koranverse; der Schwerpunkt liegt auf dem ausgelassenen Fest mit ungezählten Gästen. Der fest verankerte Ehrenkodex verlangt, dass die Braut jungfräulich in die Ehe geht. Zum Beweis des geglückten Vollzuges hat das Paar nach der Hochzeitsnacht ein blutbeflecktes Laken vorzuweisen.

Unter dem erlaubten Dingen ist die Entlassung Gott das Verhassteste!

So sprach der Prophet. Die Scheidung ist also erlaubt, aber zutiefst verpönt. Auch der Islam besitzt das Ideal der lebenslangen Liebe und Treue der Partner bis in den Tod. Dennoch ist für den Fall einer Trennung durch ausführliche Regelungen Sorge getragen. Die Ehe kann auf verschiedene Weisen auseinander gehen:

- Aus sich selbst: Wenn einer der Partner zum *Heiden* wird oder auch nur der Mann vom Islam abfällt.
- Durch den Mann, der die Entlassungsformel ausspricht.
- Durch richterliches Urteil.

Der Mann kann relativ leicht die Ehe scheiden. Er braucht nur zu sagen:

Ich verstoße dich. Ich verstoße dich. Ich verstoße dich.

Allerdings sind verschiedene Fristen einzuhalten, zum Beispiel drei Monate, um der Versöhnung eine Chance zu geben. Außerdem ist die Scheidung nicht erlaubt, wenn die Frau schwanger ist.

Will die Frau die Scheidung (was nur möglich ist, wenn sie dies ohne »Verschulden« beantragt), ruft sie ein Gericht an. Gründe, die in der Regel Beachtung finden, sind:

- Gefährliche Erkrankung des Mannes.
- Verletzung der Unterhaltspflicht.
- Grausame Behandlung der Frau.
- Unlautere Geschäfte im Sinne des Islam.

- Unvereinbarkeit der Charaktere.
- Zweitehe des Mannes ohne Einverständnis der Frau.

Bei der Scheidung durch Gerichtsbeschluss hat der Mann seiner geschiedenen Frau die Hälfte seines Vermögens zu übertragen. Will die Frau die Scheidung ohne anerkannten Grund, verzichtet sie auf sämtliche finanziellen Ansprüche.
Der Mann behält in der Regel das Sorgerecht für die Kinder. In manchen Ländern bleiben die Kinder bis zu einem gewissen Alter bei der Mutter (Söhne bis 2, Töchter bis 7 Jahre im Iran). Manche muslimische Länder gestalten aber auch diesen Rechtsbereich um, lassen teilweise die Kinder selbst wählen und orientieren sich an dem, was in Europa das »Wohl des Kindes« genannt wird.

Diskussionsstoff
Geburtenregelung

Die Frage der Empfängnisverhütung wird in der islamischen Welt angeregt diskutiert. Einerseits anerkennt man das Problem des raschen, kaum zu bewältigenden Bevölkerungswachstums, aus dem gravierende soziale Probleme entstehen. Andererseits gilt es, den Islam zu stärken, zu verbreiten und zu vermehren.
Verhütung aus wirtschaftlichen Erwägungen wird gern als mangelndes Vertrauen auf Gott ausgelegt, der doch versprochen hat, für alle Menschen zu sorgen:

> *Ihr sollt nicht eure Kinder wegen Verarmung töten – wir bescheren ihnen und euch den Lebensunterhalt.*

So spricht Gott im Koran (16,151), aber nicht alle Schriftgelehrten betrachten Verhütung schon als Kindstötung. Mohammed selbst hat sich nicht eindeutig zur Sache geäußert. Die zu seiner Zeit übliche Methode war der *coitus interruptus*, genannt »Azl«. Die Haltung des Propheten wird so überliefert:

> *Es kann nicht schaden, Azl auszuüben; denn bis zum Tag des Jüngsten Gerichts wird jeder Mensch, dessen Erschaffung Gott bestimmt hat, zur Welt kommen.*

Es gibt keine einheitliche Beurteilung des Azl. Manche sagen, er sei zwar zur Zeit Mohammeds üblich gewesen, das rechtfertige aber nicht seine Anwendung. Andere meinen, wenn der

Prophet ihn nicht ausdrücklich verurteilte, dann sei das eine indirekte Erlaubnis. Und diese gelte übertragen auch auf andere Arten der Geburtenkontrolle.
So unterschiedlich wird Azl eingeschätzt:

- Azl ist immer erlaubt.
- Azl ist immer verboten.
- Azl ist nur mit Einwilligung der Frau erlaubt.
- Azl ist nur beim Verkehr mit einer Sklavin erlaubt.

Im letzten Fall dient der unterbrochene Verkehr indirekt der Besitzstandswahrung: Eine Sklavin, die ihrem Herrn ein Kind geboren hat, ist freizulassen.
Der große Gelehrte *Al-Ghazzali* fragte vor allem nach den Motiven für den Wunsch nach kontrollierter Fruchtbarkeit. Wenn die Frau nur Angst vor der Geburt an sich, Sorge, ein Mädchen zur Welt zu bringen, oder Abneigung gegen das Stillen von Kindern geltend mache, so sei das nicht hinreichend. Ökonomische Bedenken gegen ein weiteres Kind akzeptierte er allerdings.
In manchen islamischen Kulturen gilt die Verhütung als verpönt, da sie den heiligen Zweck der Ehe schmälere, nämlich Kinder zu zeugen. Die altertümliche Methode des Azl bringe zudem die Frauen um ihren Genuss beim Sex. In manchen Ländern ist Verhütung Sache und Recht allein der Frau.
Auch die Frage der Abtreibung wird nicht einheitlich beantwortet. Klassischerweise ging man davon aus, dass der Fötus erst im vierten Monat beseelt würde.

Wir haben doch den Menschen ursprünglich aus einer Portion Lehm geschaffen. Hierauf machten wir ihn zu einem Tropfen [das Sperma] in einem festen Behälter [die Gebär-

> *mutter]. Hierauf schufen wir den Tropfen zu einem Embryo, diesen zu einem Fötus und diesen zu Knochen. Und wir bekleideten die Knochen mit Fleisch. Hierauf ließen wir ihn als neues Geschöpf entstehen. So ist Gott voller Segen. Er ist der beste Schöpfer, den man sich denken kann.*

So heißt es im Koran (23,12-14). Bis zum 120. Tag war ein Abort also gestattet, danach jedoch streng verboten.

Aber auch hier variieren die Rechtsauffassungen. Manche sagen, die Abtreibung sei auch danach aus triftigem Grund erlaubt: Wenn beispielsweise das Leben der werdenden Mutter in Gefahr sei, habe eher das Kind zu sterben als sie, denn von zwei Übeln sei das kleinere vorzuziehen. Auch andere Bedingungen werden akzeptiert; so darf eine Frau, falls sie als Mutter eines Säuglings erneut schwanger wird und Angst hat, ihre Milch könne dadurch versiegen (bei einer offiziellen Stillzeit von zwei Jahren!), das Kind im Mutterleib abtreiben.

Als Mittel der Empfängnisverhütung darf die Abtreibung nicht gelten, doch sie wird eher moralisch als rechtlich sanktioniert. Sie ist kein Verbrechen, wenn auch in manchen Ländern eine Geldstrafe zu erbringen ist.

Die ganze Thematik schöpft ihre Brisanz aus der islamischen Überzeugung, Gott wolle und fördere das Leben – aber vor dem gesellschaftlichen Hintergrund, dass viele Familien im Kinderreichtum ihre einzige soziale Absicherung haben. Doch die großen Familien wiederum schaffen Probleme, deren Hauptlasten auf dem Rücken der Frauen ausgetragen werden.

Abbildung 12:
»Gott schuf also den Menschen als sein Abbild; als Abbild Gottes schuf er ihn. Als Mann und Frau erschuf er sie«, heißt es im Schöpfungsbericht der Bibel. Das spricht für eine Verschiedenheit in gleicher Würde. In einer anderen Variante wird jedoch erzählt, Eva sei aus der Rippe Adams gemacht worden. Dieses Detail diente Jahrhunderte lang als Begründung für die gottgegebene Zweitrangigkeit der Frau nach dem Mann. Hier: »Der Sündenfall« (Adam und Eva), 1521, Lucas Cranach d.Ä.

Abbildung 13:
Teuflische Verführerin oder keltische Göttin der Schöpfung und Zerstörung? Diese obszöne Darstellung in Kilpeck (England) zeigt die Macht der sexuellen Begierde. Sie befindet sich an der dortigen christlichen Kirche St. Mary und St. David. Symbolisiert dies nicht, dass sich das ethisch reglementierende Christentum immer wieder neu sich mit der Energie des Triebs auseinandersetzen muss?

Abbildung 14:
Die Beschneidung der männlichen Vorhaut gehört bei Juden und Muslimen zur religiösen Pflicht: Diese türkische Buchmalerei (Juni/Juli 1583) zeigt die Feierlichkeiten anlässlich der Beschneidung des Sohnes von Murat III in Instanbul (Festszene im Hippodrom). Durch die Beschneidung – einem archaischen Opferritual – wird der Junge zum Mann. Weibliche Beschneidungen sind Genitalverstümmelungen, die zwar religiös nicht zu rechtfertigen sind, aber dennoch bei afrikanischen Völkern praktiziert werden.

Abbildung 15:
Der Begriff »Harem« meint eigentlich jene Räume in einem orientalischen Haus, in denen sich die Frauen der Großfamilie aufhalten; nur männliche Familienmitglieder haben dorthin Zugang, aber keine Besucher und Gäste oder gar Fremde. Im engeren Sinne ist der Harem das Gemach der Ehe- und Nebenfrauen sowie der Sklavinnen eines muslimischen Herrschers. Legendäres wird berichtet vom Einfluss des Harems auf die Machtzentren islamischer Reiche. Diese Abbildung zeigt einen Kupferstich, um 1842, von Andreas Geiger: »Der Harem im Elisium«.

Abbildung 16:
Auch der Islam kennt einen mystischen Zweig. Dazu zählen die Derwische: Mitglieder religiöser Bruderschaften, die in klosterähnlichen Gemeinschaften zusammen leben. Gotteserfahrung wird ihnen möglich im ekstatischen Tanz. Die Derwische auf diesem Foto tanzen allerdings in Istanbul für Touristen. – Derwische haben sexuelle Askese einzuhalten, solange sie im Orden leben; sie können jedoch auch heiraten.

Abbildung 17:
Ausdruck der Vereinigung des Menschen mit den Göttern ist im Hinduismus die Sexualität. Dieses frivol anmutende Treiben ziert einen Tempel im indischen Khajuraho. Die Skulpturen stammen aus dem 11. Jahrhundert.

Abbildung 18:
Ein Gott, dem erotisches Necken gefällt: Während die Mädchen im Fluss baden, versteckt Krishna ihre Kleider. Er tanzt mit den Mädchen, entzieht sich aber gerade dann, wenn eine glaubt, er habe sich für sie entschieden. – Das Verzehren nach Krishna ist zum Symbol der Sehnsucht des Gläubigen nach seinem Gott geworden. Illustration zum Bhagavata-Purana, Kangra-Schule.

Abbildung 19:
Shiva und Parvati, ein berühmtes Paar des Hinduismus. Shiva bildet im hinduistischen Pantheon mit Brahma und Vishnu eine Dreiheit und ist der Gott der Zerstörung. Er hatte viele Frauen. Mit Parvati zeugte er die Kinder Skanda (den Sechsköpfigen) und Ganesh (den Gott mit Elefantenkopf); hier eine indische Plastik aus dem 11. Jahrhundert »Shiva und Parvati«.

Abbildung 20:
Sodomie, der sexuelle Kontakt eines Menschen mit einem Tier, wird in den meisten Gesellschaften verdammt. Dennoch beweisen die Auseinandersetzungen mit dem Thema in verschiedenen Epochen und Ländern, dass Sodomie immer und überall praktiziert wurde. – Hier eine indische Abbildung.

Abbildung 21:
Als eine Art »unbefleckter Empfängnis« beschreibt auch die buddhistische Mythologie Zeugung und Geburt des Buddha. Auf diesem indischen Relief sind die verschiedenen Stationen zu sehen: In seine unten schlafende Mutter Mahamaya steigt das Kind als weißer Elefant herab. Rechts steht sie dann, um zugebären: der Säugling tritt durch die Seite aus.

Abbildung 22:
Die buddhistische Richtung des Tantrismus preist den Koitus als Weg zur Erleuchtung. Diese Darstellung aus Tibet zeigt einen Anwärter auf die Buddhaschaft vereint mit seiner Partnerin und umgeben von fünf Buddhas, die bereits das Ziel erreichten.

Immer unerlaubt
Sexualität außerhalb der Ehe

Der Islam bejaht die menschliche Sexualität – allerdings hat sie in der festgesetzten Ordnung stattzufinden, d. h. in der Ehe. Sämtliche sexuellen Aktivitäten außerhalb sind verdammungswürdig und werden nach der *Scharia* als Verbrechen geahndet. Schlimmstes Vergehen ist der Ehebruch.

- Er verletzt göttliches Gebot.
- Er verletzt das Recht des Ehepartners.
- Er verletzt die Ehre der Familie.
- Er lässt Zweifel an der Legitimation der Kinder aufkommen.

Die Strafen für den Ehebruch sind drakonisch: Manche Rechtsschulen verlangen Steinigung der Täter, andere »nur« lebenslangen Hausarrest. Dem Gleichheitsgrundsatz nach werden Frauen und Männer gleich verurteilt, wenn sie sich dieses Vergehens schuldig machen. Um eine einwandfreie Anklage erheben zu können, müssen vier glaubwürdige Zeugen übereinstimmend gegen einen Ehebrecher bzw. eine Ehebrecherin aussagen. Sollten sie lügen, setzen sie sich selbst schweren Strafen aus, beispielsweise Stockschlägen.
Anders ist die Sache, wenn der Ehemann selbst seine Frau des Ehebruchs bezichtigt. Der Koran verlangt folgendes Verfahren (24,6-10):

Und wenn welche von euch ihre eigenen Gattinnen mit dem Vorwurf des Ehebruchs in Verruf bringen und nur sich sel-

ber als Zeugen dafür haben, dann soll die Zeugenaussage eines solchen Ehegatten darin bestehen, dass er vier Mal vor Gott bezeugt, dass er die Wahrheit sagt, und ein fünftes Mal, dass der Fluch Gottes über ihn kommen soll, wenn er lügt. Und die betreffende Frau entgeht der Strafe, die auf Ehebruch steht, wenn sie vier Mal vor Gott bezeugt, dass er lügt, und ein fünftes Mal, dass der Zorn Gottes über sie kommen soll, wenn er die Wahrheit sagt. Und wenn nicht Gott seine Huld und Barmherzigkeit über euch würde walten lassen, und wenn er nicht so gnädig und weise wäre, wären diese Bestimmungen weniger mild ausgefallen.

Die Rechtsgelehrten merken an, eigentlich könne nur das Geständnis des Angeklagten zweifelsfrei eine Verurteilung ermöglichen.

Nicht als Ehebruch wurde der Beischlaf des Herrn mit seiner Sklavin angesehen. Wenn sie allerdings schwanger wurde, hatten diese Kinder rechtlich den gleichen Status wie seine ehelichen und die Sklavin hatte sich das Recht auf Freiheit erwirkt (manche sagen: erst nach dem Tod des Herrn).

Vergewaltigung ist streng untersagt. Und doch gibt es immer wieder Fälle, wo ein heiratswilliger Mann versucht, eine Frau, die ihn nicht will, durch »geschaffene Tatsachen« an sich zu binden. Einer entjungferten Frau blieb früher kaum etwas anderes übrig, als in diese zwangsweise eingeleitete Ehe einzuwilligen.

Auch die Prostitution gehört zum Bereich der verbotenen Unzucht. Sie wurde stets moralisch verurteilt, aber praktisch geduldet. Eine Aussage des Koran verdammt, eine Sklavin zur Prostitution zu zwingen, um daraus Gewinn zu erzielen. Ein Verbot der Zuhälterei also. Und doch stellt der Vers gleichzeitig Vergebung in Aussicht (24,33) – und lässt möglicherweise auch Hoffnung für jene, die als Freier der Versuchung der Dirnen erlegen sind:

> *Und zwingt nicht eure Sklavinnen, wenn sie ein ehrbares Leben führen wollen, zur Prostitution, um auf diese Weise den Glücksgütern des diesseitigen Lebens nachzugehen! Wenn jedoch jemand sie wirklich dazu zwingt, ist Gott, nachdem dies nun einmal geschehen ist, barmherzig und bereit zu vergeben.*

Schließlich zählt auch die Selbstbefriedigung zur Unzucht, wird aber weniger hart verurteilt als die anderen Sexualdelikte. Das Ideal des Islam geht davon aus, dass bald nach der Geschlechtsreife ein Mensch heiraten solle und dort alle erotischen Bedürfnisse hinreichend gestillt werden. Alles, was von dieser Norm abweicht, ist nicht akzeptabel. Wenngleich die ausgefeilte Rechtsprechung zeigt, dass die Realität immer schon facettenreicher (d. h. komplizierter und unangepasster) war, als die reine Lehre wahrhaben will.

Theoretisch: Peitschenhiebe
Homosexualität

Wollt ihr euch mit Menschen männlichen Geschlechts abgeben und darüber vernachlässigen, was euer Herr euch in euren Gattinnen als Ehepartner geschaffen hat? Nein, ihr seid verbrecherische Leute. Sie sagten: Lot! Wenn du mit deinem Gerede nicht aufhörst, wird man dich bestimmt von hier vertreiben. Er sagte: ich verabscheue, was ihr tut: Herr! Errette mich und meine Familie von dem, was sie tun!

Auch der Koran kennt die Geschichte von *Lot*, dessen Besucher nicht einmal die von ihm angebotenen Töchter als Sexualpartner nehmen, sondern unbedingt Männer haben wollten (Sure 26,165f. und andere Stellen). Wie die Israeliten verurteilt auch der Islam dieses Ansinnen zutiefst.

Homosexualität gilt als verabscheuungswürdig, obwohl sie im Orient mindestens so verbreitet ist wie im Westen, wenn nicht häufiger. Die strenge Geschlechtertrennung und das oftmals lange Warten, bis ein Mann den Brautpreis bezahlen und heiraten darf, tragen zur Häufigkeit gleichgeschlechtlicher Sexualkontakte bei.

Homosexueller Geschlechtsverkehr wird rechtlich ähnlich hart geahndet wie Unzucht und Ehebruch. Wird der gleichgeschlechtliche Verkehr öffentlich, ist er hart zu bestrafen: hundert Peitschenhiebe sind (theoretisch) üblich. Andere sagen, das Urteil sei in das Ermessen des Richters zu legen, der dafür Sorge zu tragen hat, dass eine abschreckende Wirkung erzielt wird. Wieder andere fordern sofort die Hinrichtung. Dabei ist der Koran selbst milder (4,16)

Und wenn zwei von euch Männern es begehen, dann züchtigt sie! Wenn sie daraufhin umkehren und sich bessern, dann wendet euch von ihnen ab und setzt ihnen nicht weiter zu.

Wer einmal wegen homosexueller Vergehen verurteilt wurde, darf keinen gläubigen Partner mehr ehelichen – und damit überhaupt nicht mehr heiraten.
Weniger streng werden homosexuelle Beziehungen angesehen, wenn sie nicht öffentlich gelebt werden. Generell findet man lesbische Kontakte weniger schlimm, da dort keine Penetrierung stattfindet. Maßgeblich ist aber eine grundsätzliche Ablehnung, die alle gleichgeschlechtliche Sexualität als widernatürlich und damit als gegen Gott gerichtet ansieht. Im Koran klagt *Lot* (7,80f.):

O wollt ihr Schande treiben,
Woran euch keiner gieng voran von allen in der Welt!
Ihr geht die Männer mit Begier an,
Und geht vorbei die Weiber, ja
Ihr seid ein Volk ausschweifend.
(Übersetzung von Friedrich Rückert)

Warum versagen, was erlaubt ist?
Askese

Du hast dich also entschlossen, zu den Brüdern des Teufels zu zählen! Entweder willst du ein christlicher Mönch werden, dann schließ dich ihnen offen an, oder du bist einer von uns, dann musst du unserem Weg folgen. Unser Weg ist die Ehe.

Dieses Mohammed zugeschriebene Wort ist eine harsche Ablehnung des Zölibats. Trotzdem hat sich auch im Islam eine Tradition der Ehelosigkeit entwickelt: bei den Derwischen. Doch selbst in deren Gemeinschaften bilden die zölibatär lebenden Männer eine Minderheit. Der Derwisch darf verheiratet sein.

Zur Keuschheit ist jeder Muslim verpflichtet, der noch nicht oder nicht mehr verheiratet ist. Außerdem ist der Geschlechtsverkehr für Eheleute verboten

- während der Menstruation,
- tagsüber im Ramadan,
- während der Wallfahrt nach *Mekka*.

Grundsätzlich aber ist Enthaltsamkeit kein Wert an sich, schon gar keine Tugend, die Gott eine Freude machen würde. Es heißt vielmehr im Koran (5,87):

Ihr Gläubigen! Erklärt nicht die guten Dinge, die Gott euch erlaubt hat, für verboten! Und begeht keine Übertretung. Gott liebt die nicht, die Übertretungen begehen.

Vorgeschmack des Paradieses
Sexualität als Teil des Lebens

Die Unterdrückung des sexuellen Triebes ist von Nachteil – denn sie könnte dazu führen, dass eine Frau oder ein Mann vom ehrfürchtigen Vollzug des Gebets abgehalten werden. Ein befriedigter Mensch kann darüber hinaus einen Vorgeschmack des Paradieses kosten. Denn was hätte es auch für einen Sinn, Freuden in Aussicht zu stellen, die man nie genossen hat? So dient die Sexualität letztlich dem Ansporn zu einem gottgefälligen Leben. Zumindest für die Männer. Denn wer wollte nicht am Ende seiner Tage die weißen Mädchen sehen, Jungfrauen von strahlender Schönheit, »wie wenn sie aus Hyazinth und Korallen wären«?
Im Koran verheißt Gott (2,25):

Und verkünde denen, die glauben und tun, was recht ist, dass ihnen dereinst Gärten zuteil werden, in deren Niederungen Bäche fließen! Sooft sie eine Frucht daraus zu essen bekommen, sagen sie: Das ist ja dasselbe, was wir schon vorher zu essen bekamen. Man gibt ihnen derart, dass eines dem anderen zum Verwechseln gleichsieht. Und darin haben sie gereinigte Gattinnen zu erwarten. Und sie werden ewig darin weilen.

Hinduismus

Ungezählte Götter
Die Religion

Manche sagen, der Hinduismus sei nicht *eine* Religion, sondern es seien ungezählte Religionen. Die Ursprünge dieser vielfältigen Traditionen reichen tausende von Jahren zurück.

Der Hinduismus ist die Religion Indiens. Gut 80 Prozent aller etwa 820 Millionen Anhänger leben auf dem Subkontinent, der Rest überwiegend in den umliegenden Ländern. In der westlichen Hemisphäre nehmen die Hindus nur eine Minderheitenposition ein; aber durch ihren fast 20-prozentigen Anteil an der Weltbevölkerung haben sie durchaus den Status einer »Weltreligion«. Das persische Wort »Hindu« meint: »ein Inder«. Ein Inder ist jemand, der in dem Land hinter dem Fluss Indus lebt.

Eine Gründergestalt gibt es im Hinduismus nicht. Alle Lehrer aber, die auftraten, beriefen sich auf die Heiligen Schriften der »*Veden*«, die als Offenbarung angesehen werden. Die *Veden* enthalten Vorschriften für die Rituale, die exakt eingehalten werden müssen, und eine stattliche Anzahl von Weisheitslehren. Das sind die *Upanischaden* – eine schier unerschöpfliche Quelle für das religiöse und philosophische Denken. In hohem Ansehen steht auch der »Gesang des Erhabenen«, die *Bhagavadgita*, ein Lehrgedicht, in dem der Gott *Krischna* den Fürsten Ardschuna belehrt. Auch die *Bhagavadgita* wird als heilige Schrift verehrt und ist sehr populär und weit mehr bekannt als die *Veden*, die der Durchschnittshindu nicht liest.

Der Hinduismus gehört zur Gruppe des Polytheismus; dort wird also nicht nur ein Gott angebetet, sondern unendlich viele. Es gibt aber auch Inder, für die die unterschiedlichen Götter letztlich eins sind. Auf allerlei Wegen kann sich das Göttliche, Absolute oder Höchste dem Menschen zeigen. Letztlich sind alle eingebettet in das »Sanathana Dharma«, die ewige Ordnung, die ewige Lehre. »Dharma« meint hier, der Mensch ist Teil eines Ganzen, mit allen anderen Menschen verbunden, auch mit jenen, die vor ihm lebten, und jenen, die nach ihm kommen werden. In das Dharma ist alles, was ist, integriert, neben dem Menschen auch die nicht-menschlichen Wesen. Alle sind voneinander abhängig. Deswegen soll man nicht nur die eigenen Bedürfnisse befriedigen, sondern das Dharma im Blick haben. Dies gehört zu den Lebensaufgaben eines Hindus: Er darf guten Gewissens Reichtum erwerben und sich vergnügen, muss aber auch das Dharma bedenken.

Die Mehrzahl der Hindus praktiziert ihre Religion so, dass man sich einen Gott erwählt, dem man Respekt und Hingabe, ja Liebe (»bhakti«) bezeugt, durch Gebet, Opfern von Blumen, Lichtern, Räucherstäbchen und Obst, durch Meditation und Nächstenliebe dient. Allgemeine Achtung genießen die Götter Brahma, Vischnu und Schiwa. Brahma ist der Schöpfer, der Atem der Welt. Der Gott Brahma – nicht zu verwechseln mit dem Brahman – hat alles gemacht; er ist so unvorstellbar groß, dass er, weil er so unfassbar ist, nicht angebetet wird.

Der Gott Vischnu ist der Erhalter, der bestimmt, wie es einem Menschen im Leben ergeht. Schiwa ist der Gott der Zerstörung, schafft damit aber auch Platz für Neues. Eine Verkörperung des Gottes Vischnu ist der Gott *Krischna*. Er wird wegen seiner Bereitschaft, göttliches Wissen zu offenbaren (er gilt als Verfasser der *Bhagavadgita*), sehr geschätzt. Die Dreiheit von Brahma, Schiwa und Vischnu systematisiert zwar das weit verzweigte *Pantheon* des Hinduismus, spielt aber in der Realität praktisch kaum eine Rolle. Da sucht jedermann sich eine Art »Hauptgott« aus, meistens Schiwa oder Vischnu, der in einer

Art *Henotheismus* verehrt wird. In einer solchen Religiosität kann Schiwa alle Eigenschaften vom Erschaffen über das Erhalten bis zum Zerstören in sich vereinigen.

Vom Gott Brahma zu unterscheiden ist das Brahman. Dieser religionsphilosophische Begriff meint das All-Eine, das absolute, allem Seienden zu Grunde liegende Prinzip. In den hinduistischen Theologien bestehen unterschiedliche Auffassungen über das Verhältnis von Brahman und der Seele, dem Selbst des Einzelnen, des Atman. Die einen sehen beide als völlig unabhängig voneinander, für andere sind sie letztlich identisch. In der *Bhagavadgita* heißt es über Brahman:

> *Das All ist erfüllt von mir, dem Unsichtbaren, Gestaltlosen, alle Wesen leben durch mich, doch ich bin ohne sie. Nichts gibt es, das höher wäre als ich – die ganze Schöpfung ist aufgereiht an mir wie Edelsteine an einer Schnur. Im Wasser bin ich Wohlgeschmack, das Licht in Sonne und Mond, das Wort in den Weisheitsbüchern, im Äther der Ton, die Manneskraft bin ich im Mann. Ich bin der Erde Wohlgeruch, des Feuers heller Schein, ich bin das Leben des Lebendigen, der erste Asket unter den Asketen. Ich bin der Atman, die Seele, im Herzen aller Wesen. Ich bin der Beginn, die Mitte und das Ende allen Seins. Wer immer die Kraft besitzt, wem Schönheit und Erfolg beschieden, soll wissen, dass all dies dem Funken meiner Herrlichkeit entsprang. Ich bin der Ursprung von allem, aus mir geht alles hervor.*

Der Hinduismus – ein Sammelbecken von Lehren, Mythen, Göttern, Kulten, Formen! Oft wurde versucht, diese Religion mit Bildern zu erklären: mit einem Baum, der ungezählte Jahresringe um seinen Kern gesammelt hat, mit einem Dschungel, in dem alles durcheinander wuchert, sich ausdehnt, abstirbt, sich erneuert. Man kann den Hinduismus auch als Familie begreifen – uralt, weit verzweigt, verbunden und getrennt, eben verwandt miteinander. Er ist eine Lebensphilosophie, die sich in religiösen Ritualen, im Brauchtum des Volkes und in der Kunst ausdrückt. Unter den möglichen Heilswegen, die sich dem Hindu anbieten, haben sich drei Hauptstränge herausgebildet, die der Einzelne auch kombinieren kann: Den Weg der religiösen Tat, in der Rituale vollzogen werden; den Weg der liebenden Hingabe, die einem Gott mystisch nachspürt; den Weg der Erkenntnis/Erleuchtung, also das Bemühen, durch Meditation und *Yoga* die Weisheit zu erlangen, das es nur eine einzige Wirklichkeit gibt: Brahman-Atman.

Bis in unsere Tage spielt das Kastensystem in Indien eine nicht unerhebliche, auch religiöse Bedeutung. Dieser Gesellschaftsaufbau, *hierarchisch* in die Hauptkasten der Priester (*Brahmanen*), Krieger, Händler und Bauern und zahlreiche Unterkasten geordnet, will die Mitglieder der Gesellschaft entsprechend ihrer Herkunft und ihres Berufes unterteilen. Traditionell sind Eheschließungen nur innerhalb der Kaste erlaubt. Weil aber der größte Teil der Menschen keiner dieser Kasten angehört und diese »Kastenlosen« am untersten Ende der sozialen Leiter rangieren – mit diesen »Unberührbaren« zusammen zu sein, macht rituell unrein –, hat das moderne Indien die Kasten abgeschafft und allen die gleichen Rechte im demokratischen Staat zugesichert. Im täglichen und vor allem religiösen Leben sind diese Schranken aber noch spürbar. Die religiösen Funktionen eines Priesters kann eben nur wahrnehmen, wer als Brahmane geboren wurde.

Der Philosoph Sarvepalli Radhakrishnan (1888-1975), der einst Staatspräsident von Indien war, antwortete auf die Frage, wer ein Hindu sei, folgendermaßen:

Jeder, der nach Wahrheit strebt durch Studium und Nachdenken, durch Reinheit seines Leibes und Verhaltens und durch Hingabe an hohe Ideale, jeder, der glaubt, dass Religion nicht auf Autorität beruht, sondern auf Erfahrung, ist ein Hindu.

Heilige Energie
Das Wesen der Sexualität

Die hinduistische Einstellung zur Sexualität und aller sich daraus ergebenden Fragen hat sich über die Jahrhunderte hinweg verändert. Dabei wurden manche neue Ansichten zur allgemein akzeptierten Norm, ohne jedoch die überholten Umgangsweisen vollkommen zu verdrängen; so entstand eine große Pluralität.

Wichtigste Priorität genießt die Sexualität als heilige Kraft, die Nachkommen zu schaffen im Stande ist. Das ist ein sakraler Dienst. Doch auch als Möglichkeit, mit den Göttern in Kontakt zu treten oder spirituelle Energie zu erlangen, wird die Erotik in Anspruch genommen. Auch die Asketen, die vollkommen der Sexualität entsagen, betonen mit ihrem Opfer letztlich die herausragende Bedeutung des Sexuellen.

Im Idealfall, der freilich heute kaum noch gelebt wird, hat der Mann einer höheren Kaste nach der Kindheit drei Stadien in seinem Leben zu durchlaufen:

- Erstes Stadium: Als Jugendlicher weiht er sich für zwölf Jahre einem zölibatären Leben, in dem er Selbstbeherrschung erlernt. Er absolviert in dieser Zeit bei einem *Guru* eine spirituelle Ausbildung und wird in die Heiligen Schriften und Traditionen eingeführt. Zum Verhaltenskodex gehören Speisevorschriften oder auch Verbote, bestimmte Einrichtungen wie öffentliche Bäder zu besuchen, aber im Mittelpunkt steht die sexuelle Enthaltsamkeit. Wer diesen Trieb disziplinieren kann, wird in der Lage sein, das Leben zu gestalten.

- Zweites Stadium: Heimgekehrt heiratet der Mann und übernimmt die Verantwortung eines Hausvaters. Er hat Kinder zu zeugen, vor allem Söhne. Wenn das mit seiner Frau nicht gelingt, kann er sich eine zweite nehmen und es mit ihr versuchen.
- Drittes Stadium: Sobald das erste männliche Enkelkind zur Welt gekommen ist, verabschiedet sich der Mann und wird zum Einsiedler; seine Frau kommt allerdings mit.
- Alternativ kann der Mann von vornherein ein *Sannyasin* werden – ein »Entsager« – und als wandernder Pilger sein Leben lang Meditation üben.

Nach hinduistischer Lehre ist der Mittelpunkt des Menschen »atman«, seine Seele, sein Geist. Diese Seele ist das Unverwechselbare jedes Individuums. Sie wird durch jede Wiedergeburt hinweg mitgenommen. Umgeben ist die Seele von einem »feinstofflichen« Körper, der aus drei Schichten besteht: der Atemkraft, der Denkkraft und der Erkenntnis. Die äußere, sichtbare Hülle jedes Menschen schließlich ist sein »grobstofflicher« Körper, den die materiellen Elemente Feuer, Wasser, Luft, Erde und Raum bilden. Alles also, was den äußeren Körper betrifft (wie zum Beispiel sexuelle Handlungen), betrifft indirekt auch die Seele. Wer gegen sexuelle Gebote verstößt, sammelt schlechtes *Karma* an: Er vermehrt die Anzahl der Wiedergeburten. Durch Akte der Buße können diese allerdings auch wieder gesühnt werden.

Vier Ziele verfolgt der Hindu während seiner Existenz:

- »dharma« (»Ordnung«): hier gemeint als die richtige Lebensführung;
- »artha« (»Zweck, Gewinn«): wirtschaftliche Interessen, denn seine Familie zu versorgen ist eine Pflicht;

- »kama« (»Lust«): die Befriedigung seiner sexuellen, emotionalen und künstlerischen Bedürfnisse;
- »mokscha« (»Erlösung«): das letzte und wichtigste Ziel, nämlich die Befreiung des Geistes, die Erlösung aus dem Kreislauf der Seelenwanderung von einer irdischen Existenz in die nächste.

Kama, das ist die Liebe zwischen Frau und Mann, das sexuelle Vergnügen, das Begehren. Ohne Kama, so sagen die Weisen, geht dem Menschen der Antrieb, nach irgendetwas zu streben, verloren. Ohne Kama bleibt er lethargisch und muss auf schöpferische Impulse verzichten.

Der indische Gott der Liebe ist eine Personifizierung des Begriffs Kama. Er wird dargestellt als schöner junger Mann, der auf einem Papagei oder Kuckuck reitet. Die Sehne seines Bogens aus Zuckerrohr, den er spannt, bilden Bienen. Im Köcher stecken fünf Pfeile aus Blumen. Einem alten Mythos zufolge wurde Kama ausgesandt, um Schiwa mit erotischen Gedanken von seiner Meditation abzuhalten. Es gelingt ihm, aber die Strafe ist grausam: Schiwa verbrennt ihn zu Asche. Kamas Frau, nun verwitwet, bittet Schiwa inständig, ihren Gatten wieder zum Leben zu erwecken. Schiwa lässt sich erweichen, Kama ersteht zu neuem Leben – doch nur zu einem körperlosen Sinnbild der Liebe. Symbol der Fruchtbarkeit und der Potenz ist Schiwa, mit Brahma und Vischnu einer der drei Hauptgötter. Er wird mit einer nach oben abgerundeten Säule dargestellt, die unschwer als *erigierter Phallus* zu identifizieren ist.

Im Hinduismus gibt es verschiedene Gruppierungen, die rituellen Sex praktizieren. Die Wollust soll in reine Liebe verwandelt werden; das geschieht am ehesten, wenn der Beischlaf mit einer Jungfrau, einer unverheirateten Frau oder wenigstens der

Frau eines anderen vollzogen wird. Der Mann hat zu erlernen, die Seligkeit des Orgasmus zu genießen, ohne zu *ejakulieren*. Besonders während des *Holifestes* ist dieser spirituell gedeutete Koitus verdienstvoll, weil er den geschlechtlichen Umgang mit einer Göttin symbolisiert. Es heißt, diese Tat sei eine Tugend, die alle Sünden auslöscht.

Doch im Vergleich zur Größe des Volkes nehmen nur wenige an diesen Praktiken teil. Die meisten Hindus sind in sexuellen Fragen eher konventionell: Der Geschlechtsverkehr hat in der Ehe stattzufinden. Wie überall sonst auf der weiten Erde sind die Anforderungen an die Frauen strenger als an die Männer. Fast alle aber schätzen die Liebe zu Gott, die »bhakti«. Die sexuelle Zuneigung ist aber immer auch als eine Metapher für diese göttliche Liebe verstanden worden.

Kultische Gleichheit, praktische Ungleichheit
Frau und Mann

Verschiedene Hindu-Gottheiten gelten zwar gemeinhin als männlich, sind aber im Prinzip *androgyn*: Schiwa, Vischnu, *Krischna* und andere symbolisieren die Vereinigung der beiden kosmischen Pole. Sowohl Mann als auch Frau verdeutlichen die Ausgeglichenheit im Brahman, fern aller Dualitäten. Die ausgesprochen weiblichen Göttinnen gelten immer als Wohltäterinnen, wenn sie an der Seite ihres Gemahls auftreten. Sonst wirken sie zerstörerisch. Ob auf die eine oder andere Weise – wenn das Göttliche weiblich ist, bildet es eine Quelle großer Macht.
Verehrung wird auch weiblichen Menschen zuteil: In der Lehre des *Tantrismus* kann eine schöne Frau den Status einer Göttin erhalten. Nach ritueller Reinigung verehrt man jeden Teil ihres Leibes, vor allem das Gesicht, die Brüste und die Geschlechtsorgane. Die körperliche Vereinigung gleiche dann der Glückseligkeit des absoluten Zustandes, der mit »moksha« erreicht sei: der Erlösung aus dem Kreislauf der Wiedergeburt. Manche meinen, häufiger Verkehr beschleunige oder erleichtere den Weg zu diesem Ziel.
Auch in anderen Zusammenhängen gilt der Vagina besondere Aufmerksamkeit. Sie wird als Dreieck dargestellt, Zeichen der Fruchtbarkeit und Ursprung jeglicher Erscheinung. Einige drücken sich lyrisch aus, wenn sie den rituellen Geschlechtsverkehr spirituell deuten:

- der Schoß der Frau ist der Opferaltar,
- die Schamhaare bilden das Opfergras,
- die Vagina das verzehrende Opferfeuer.

Die Gleichheit, ja oft auch Überhöhung der Frau im Ritual findet keine Entsprechung im Alltagsleben. Eher kann ihre außerordentliche Position im Kult dazu dienen, ihre niedrigere Rolle außerhalb des Ritus zu festigen.

In der klassischen Rollenaufteilung hat die Frau zwar im Haus das Sagen. Doch sie bleibt von ihrem Ehemann abhängig. Weil sie als unrein angesehen wird, soll die Frau keine *Mantras* studieren oder rezitieren. Die hinduistischen Lehrer predigten, die Religion der Frau seien ihre Pflichten, der Ehemann ihr *Guru*, die häuslichen Aufgaben ihre Rituale und die Hingabe an den Gatten ihr höchstes Gebot. Traditionell soll die Frau in Begleitung ihres Mannes ihr Gesicht verbergen und einige Schritte hinter ihm gehen. Ein roter Punkt auf der Stirn oder rotes Pulver auf dem Scheitel weist sie als eine Verheiratete aus.

Als krasseste Auswüchse patriarchaler Dominanz können sowohl die Tötung neugeborener Mädchen (wegen zu erwartender hoher Mitgiftkosten) oder die Pflicht der Witwe, den Scheiterhaufen ihres Mannes gleich mit zu besteigen, angesehen werden: die Frau soll nach dem Tod ihres Mannes keinen anderen Mann mehr haben; ihr »Lebenszweck« hat sich erfüllt.

Doch die indische Tradition ist vielfältig und bunt. Die »Baul« beispielsweise (bengalisch für »verrückt«) sind wandernde Sänger und Mystiker, die Gott in den Herzen der Menschen suchen. Sie verehren weder Götterstatuen wie die Hindus, noch den transzendenten Gott wie die Muslime. Als Wanderer zwischen Kulturen und Religionen sagen sie:

Was benötigen wir Tempel, wenn unsere Körper Tempel sind, in denen der Geist wohnt?

Die Baul gehen davon aus, dass der Mensch erst im Zusammenspiel der Geschlechter vollkommen ist. Für ihre Zeremonien werden die Sekrete weiblicher und männlicher Geschlechtsorgane benötigt.

»Ich bin die Worte, du die Melodie«
Ehe und Familie, Heirat, Scheidung

Der Gott *Krischna* soll 1016 oder, wie andere Texte behaupten, gar 16.000 Frauen gehabt haben. Kein Wunder, dass in Indien die *Polygamie* die Regel war. Doch auch polyandrische Ansätze sind immer wieder nachgewiesen worden: So hatte eine verheiratete Frau oft auch den Brüdern des Mannes sexuell zur Verfügung zu stehen. Später setzte sich die *Monogamie* nur für die Frauen weitgehend durch, so konsequent, dass eine Frau wirklich nur einen Mann haben durfte, ob er nun lebte oder tot war. Das bedeutete praktisch nach dem Tod des Mannes ein Leben in Keuschheit oder Begleitung auf den Scheiterhaufen.

Die Ehe wird im Hinduismus – trotz der langen und allgemein geschätzten Tradition des Asketentums – als der Normalfall angesehen. Für Frauen ist die Ehe ein Weg zu Mokscha. Dafür werden an eine gute und wahre Ehefrau strenge Anforderungen in Bezug auf Treue und Loyalität gesetzt. Eine Redensart lautet:

Was immer der Ehemann befiehlt, sei es gesetzlich oder nicht, muss die Frau tun.

Die passende Frau für seinen Sohn zu finden ist Aufgabe des Vaters. Die Ehe beruht dann auf der Vereinbarung zweier Familien, die der gleichen Kaste angehören müssen. Für Frauen ist auch der Aufstieg in die nächsthöhere Kaste möglich, was ihrer ganzen Verwandtschaft Aufwertung zuteil werden lässt. Die Familien handeln die Bedingungen der Eheschließung und die

Höhe der *Mitgift* aus. An den enormen Forderungen der Familie des Bräutigams ist schon manche Braut-Familie verarmt.
Eine Frau soll spätestens drei Jahre nach Eintritt der Geschlechtsreife verheiratet sein, sonst darf sie sich selbst einen Mann wählen. Diese Vorschrift beruht keineswegs auf moralischen Bedenken, die sexuelle Begierde könnte sonst in ungeordnete Bahnen abgleiten. Der Grund ist vielmehr in den ungenutzten Chancen weiblicher Fruchtbarkeit zu suchen. Ein religiöser Gesetzgeber mahnt:

> *Wer seine Tochter nicht zur angemessenen Zeit verheiratet, lädt mit dem Auftreten jeder neuen Periode die Schuld der Vernichtung eines Embryos auf sich.*

Für die Frau bedeutet die Hochzeit den vollkommenen Übertritt aus ihrer Herkunftsfamilie in die Familie ihres Mannes. Die Übergangsriten drücken diesen Kummer aus, der mit kostspieligen Geschenken vollzogen wird. Die Familie der Frau zahlt für die Aufnahme.
Den günstigsten Hochzeitstermin erfragt man von Astrologen. Im Vorfeld wird der Gott *Ganesch* um einen günstigen Verlauf angerufen. Zu den Vorbereitungen des großen Festes gehört außer Baden, Kleiden und Schmücken der Brautleute auch die spirituelle Besinnung.
Der Vater gibt während der Trauzeremonie formal seine Tochter weg. Das ist das größte Opfer, das ein Mann bringen kann, deswegen bringt es ihm reichlich positives *Karma*. Nach Segensliedern und einer Opferung auf dem heiligen Feuer verspricht der Bräutigam:

> *Ich fasse deine Hand für gutes Glück, so dass du zusammen mit mir, deinem Hausherrn, ein hohes Alter erreichen mö-*

gest. *Die Götter (...) geben dich mir, damit ich Herr des Haushaltes werden möge; damit wir zusammen über unser Heim herrschen mögen.*

Der Priester segnet die beiden:

Möget ihr nicht getrennt werden, möget ihr euer volles Alter erreichen, mit vielen Söhnen und Enkelsöhnen mit Wohlbehagen in eurem Haus. Mögest du [zur Braut gewandt] erblühen, ohne finstere Blicke und ohne deinem Hausherrn Leid zuzufügen, sei gut zu Tieren, sei lieblichen Sinnes und von großem Glanze; sei die Mutter von Helden, sei den Göttern ergeben und eine Botin der Freude; sei unseren Männern und Frauen und dem Vieh gnädig. Freigiebiger Indra! Begabe diese Frau mit hervorragenden Söhnen und Glück; gebe ihr zehn Söhne (...).«

Das Paar umkreist dann (der Bräutigam führt die Braut) siebenmal das Feuer. Der Bräutigam umfasst die Hand seiner Frau und verspricht:

Jetzt, da du die sieben Schritte mit mir getan hast, werde mein Freund; mögen wir zwei, die wir diese sieben Schritte zusammen getan haben, Lebenskameraden werden; möge ich deine Freundschaft haben, möge ich nicht von deiner Freundschaft getrennt werden, noch du von meiner. In äußerster Liebe zu einander, Wonne gewinnend, mit gegenseitig lieblichen Sinnen und zusammen unsere Speise und stärkende Dinge genießend, mögen wir zusammen wandern und zusammen unsere Beschlüsse fassen. Mögen wir unsere Sinne vereinen, mit den selben Gelöbnissen und den selben Gedanken. Ich bin die Worte und du bist die Melodie; ich bin die Melodie und du bist die Worte. Ich bin der Himmel, du bist die Erde. Ich bin der Samen, du bist der Träger. Du handelst im Einklang mit mir, so dass wir einen Sohn erhalten mögen, Erfolg haben mögen und Nachkommen dazu. Folge mir, o Frau der behaglichen Worte. Steige auf diesen Stein, sei so fest wie dieser Stein; setze dich zur Wehr gegen die Widersacher, besiege die Angreifer.

Am Abend treten die frisch Vermählten nach draußen und sehen nach dem Polarstern. Die Braut gelobt, ebenso beständig zu sein wie dieser.

Der erste Geschlechtsverkehr des jungen Paares wird durch eine gemeinsame Reismahlzeit und ein Butteropfer eingeleitet. Der Ehemann spricht ein Gebet, in dem er einen der Götter bittet, der Zeugung gut gesinnt zu sein und mit göttlicher Kraft zu unterstützen, so dass der Ehemann jetzt ein Kind in den Schoß der Frau pflanzen kann. Im dritten Monat der Schwangerschaft folgt eine Art Fortsetzung dieses Ritus: Die Frau wendet sich gen Osten, hält zwei Bohnen in der Hand (welche die Hoden symbolisieren), und spricht die Formel: »Du bist ein Stier« und isst die Bohnen auf. Damit erst ist der Zeugungsakt vollendet.

Die indische Tradition kennt keine Auflösung einer Ehe. Der Mann konnte sich bei Bedarf eine weitere Frau nehmen, die Frau nicht aber einen anderen Mann. Sie sollte nach dem Tod ihres Mannes keinen anderen mehr heiraten und beim Tod ihres Gatten mitverbrannt werden. Vorsichtige moderne Schätzungen gehen jedoch davon aus, dass in der Regel nicht mehr als ein halbes Prozent aller Witwen tatsächlich ihrem Mann ins todbringende Feuer folgte – was bei der hohen Bevölkerungsdichte Indiens immer noch einer enormen absoluten

Zahl entspräche. Die Frau konnte auch rituell, kurz vor Entzündung des Feuers durch den Sohn des Verstorbenen ins Lebens zurückgerufen werden.

Der indische Staat hat mit verschiedenen Gesetzen in den vierziger und fünfziger Jahren des 20. Jahrhunderts das Eherecht reformiert. So wurde das Mindestalter für die Eheschließung bei Mädchen auf 15 und bei Jungen auf 18 Jahre erhöht, was Kinderheirat ausschließt. Wichtige Neuerungen waren außerdem:

- Erlaubnis der Heirat über Kastengrenzen hinweg (die Kasten gelten offiziell als abgeschafft);
- Erlaubnis der Heirat mit Partnern bzw. Partnerinnen anderer Religionszugehörigkeit;
- Erlaubnis der Wiederverheiratung einer Witwe (als Folge des Verbotes der Witwenverbrennung)
- Einbringung eines Scheidungsgesetzes.

Als Scheidungsgründe werden bei Frauen fehlende Jungfräulichkeit, bei Männern fehlende Manneskraft akzeptiert. Außerdem sind Verlassen, längere Abwesenheit und Grausamkeit des anderen Argumente, die eine Scheidung rechtfertigen können. Wenn die Scheidung auch erlaubt ist, so bleibt sie doch für einen traditionellen Hindu unannehmbar. Überhaupt hinkt die gesellschaftliche Realität der zeitgenössischen Gesetzgebung weit hinterher.

Sozialversicherung durch Nachwuchs
Geburtenregelung

Fruchtbarkeit ist ein göttliches Gesetz. Reichliche Nachkommenschaft ist notwendig in Gesellschaften, die keine Rente und Sozialhilfe als soziale Sicherungssysteme besitzen, sondern nach dem Generationenprinzip funktionieren. Die Eltern versorgen die Kinder, und später einmal werden die erwachsenen Kinder die alten Eltern versorgen. Und da bis ins 20. Jahrhundert hinein die Säuglingssterblichkeit in Indien hoch war, hatte im Prinzip jeder Beischlaf auch der Zeugung eines Kindes zu dienen.
Nach indischem Denken ist die Zeit nach der Menstruation besonders fruchtbar. Sie ungenutzt verstreichen zu lassen, gilt als sündhaft – als »Vernichtung des Embryos«, der keine Chance zum Leben erhält. Auf diesem Hintergrund ist Empfängnisverhütung natürlich verpönt, wenngleich sie stets praktiziert wurde: Die indische Tradition verfügt über ein reichhaltiges Wissen, was die Anwendung chemischer und mechanischer Methoden der Empfängnisverhütung betrifft. Der moderne indische Staat propagiert die Verhütung sogar, um der rasend schnellen Bevölkerungsvermehrung Einhalt zu gebieten.
Als eine Art »nachgeburtliche« Abtreibung kann die Tötung frisch geborener Mädchen gewertet werden. Immer wieder kam es vor, dass weibliche Babys umgebracht wurden, weil die armen Eltern keine Möglichkeit sahen, der späteren Frau eine *Mitgift* (damit also Ehe und Familienleben) zu finanzieren. Im modernen Indien nutzen viele Paare die Schwangerschaftsdiagnostik, die schon in einem frühen Stadium das Geschlecht des Fötus bestimmen kann. Somit werden dann legale Abtreibungen möglich.

Tänzerinnen der »Heiligen Hochzeit«
Sexualität außerhalb der Ehe

Da man Frauen im Allgemeinen einen schwächeren Charakter als Männern unterstellt, wiegt bei ihnen ein Ehebruch nicht so schwer. Eine Frau könne nicht verantwortlich gemacht werden, heißt es, allein der Man werde dadurch unrein. Doch von dieser Schuld kann er sich rituell reinigen.

Prostitution wurde gern religiös verbrämt. In alter Zeit hielten sich die Tempel ein Heer von gottgeweihten Tempeltänzerinnen, die insbesondere dem Gott Schiwa, dem Herrn des Tanzes, dienten. Mit einer solchen Frau sexuell zu verkehren galt als »heilige Hochzeit« mit dem (*androgynen*) Gott. Es ist davon auszugehen, dass nicht jede dieser Tänzerinnen freiwillig diesen »Dienst« versah, sondern einer Sklavin gleich dazu gezwungen wurde.

Auf Grund der vorwissenschaftlichen Vorstellung, das männliche Sperma enthalte bereits Embryonen, die nur des weiblichen »Brutkastens« bedürfen, wurde Masturbation als Samenvergeudung verpönt. In einer Gesellschaft jedoch, die weitgehend auf die sexuellen Bedürfnisse des Mannes Rücksicht nimmt, wurde Selbstbefriedigung kaum thematisiert, es gab ja andere Möglichkeiten, ihnen nachzukommen.

Kaum ein Thema
Homosexualität

Die hinduistische Moral be- und verurteilt bestimmte Verhaltensweisen nur für die oberen Kasten; die unteren entziehen sich jedweder Bewertung. In den oberen Kasten nun gilt Homosexualität des Mannes als verurteilungswürdig, weil sie keine Zeugung von Kindern zulässt. In alter Zeit war die gesellschaftliche Bestrafung drastisch und konnte von Geldbußen bis zum Verlust der Kastenzugehörigkeit reichen, was einen qualitativen Abstieg bedeutete. Heute genügt in der Regel ein rituelles Bad, um das Vergehen abzutragen.

Die Alternative
Askese

Der Hinduismus gehört zu jenen Religionen, die der Sexualität eine große Aufmerksamkeit widmen. Grundsätzlich ist sie akzeptiert. Doch es existiert auch eine kritische Linie in dieser Kultur, die Sex bewusst aus dem Leben ausspart. Das kann zeitweilig geschehen, wie im traditionellen ersten Stadium der Erziehung eines Mannes, auch temporär für die *Brahmanen*, vor einem Ritual beispielsweise.

Andere hingegen praktizieren die Entsagung dauerhaft. In den *Upanischaden* – den heiligen Schriften des Hinduismus aus dem 8. Jahrhundert vor Christus – heißt es:

Den Leib dreifach gerichtet, ebenmäßig
Manas und Sinne im Herzen eingeschlossen,
So mag der Weise auf dem Brahmanschiffe
Die fürchterlichen Fluten überfahren.

Den Odem hemmend, die Bewegung zügelnd,
Bei Schwund des Hauches ausatmend durch die Nase,
Wie jenen Wagen mit den schlechten Rossen
So fesselt ohne Lässigkeit das Manas!

Rein sei der Ort und eben, von Geröll und Sand,
Von Feuer, von Geräusch und Wasserlachen frei;
Hier, wo den Geist nichts stört, das Auge nichts verletzt,
In windgeschützter Höhlung schicke man sich an.

Erscheinungen von Nebel, Rauch und Sonnen,
Von Wind und Feuer, von Leuchtkäfern, Blitzen,

Von Bergkristall und Mondglanz, sind beim Yoga
in Brahman Offenbarung vorbereitend.

Aus Erde, Wasser, Feuer, Luft und Äther dann
Fünffach entwickelt sich die Yoga-Tugend;
Der weiß nichts mehr von Krankheit, Alter, Leiden,
Der einen Leib erlangt aus Yogafeuer.

Behändigkeit, Gesundheit, Unbegehren
Ein klares Antlitz, Lieblichkeit der Stimme,
Schöner Geruch, der Ausscheidungen wenig –
Darin betätigt sich zuerst der Yoga.

Gleichwie ein Spiegel, der mit Staub bedeckt war,
Wie Feuerschein erglänzt, wenn er gereinigt,
So wird nur, wer erkannt der Seele Wesen,
Des Ziels teilhaftig und befreit von Kummer.

Wenn seiner Seele Wesen wird zur Fackel,
Im Yoga Brahmans Wesen zu erschauen,
Fest, ewig, rein von allen Daseinsformen –
Wen so der Gott weiß, der wird frei von Banden.

Mokscha ist für einen Hindu das höchste Lebensziel: die Erlösung aus dem Kreislauf der Wiedergeburten. Der Weg dahin ist ein anstrengender, aber wirksamer. Er hat im Hinduismus eine uralte Tradition und heißt *Yoga*.
Mit den körperlich-seelischen Entspannungsübungen, die bei uns in Volkshochschulkursen angeboten werden, hat der ursprüngliche *Yoga* wenig zu tun. Die Übersetzung des altindischen Wortes spricht bereits für sich: *Yoga* heißt »Anschirrung«. Das weist bereits auf die Mühsal hin, wie sie auch ein

angeschirrtes Lasttier tragen muss. Ziel des Yogi ist es, das Geistige vom Körper, vom Materiellen zu trennen. Durch Atemtechniken und bestimmte Haltungen sucht er Wege zur Beherrschung des Körpers. Dessen Wünsche, ja sogar elementare Bedürfnisse wie Atmung, Schlaf oder Nahrung werden negiert. Die geforderte »Nicht-Anhänglichkeit an alle Freuden« – worin selbstverständlich die Sexualität inbegriffen ist – kann im Extremfall zu Selbstfolterungen führen.

Bereits die *Upanischaden* preisen den *Yoga*. »Wie jenen Wagen mit den schlechten Rossen, so fesselt ohne Lässigkeit das *Manas*« – diese bildhafte Sprache will ausdrücken: Den menschlichen Sinnen (die Rosse) ist nur mit Gewalt beizukommen; *Manas* (das Denken) ist nämlich lässig nicht zu zügeln.

Doch nicht jeder Entsagende (»*Sannyasin*« genannt) strebt nach der radikalen Selbstaufgabe. Auch das »nur« harte Leben eines Asketen findet im hinduistischen Kontext hohes Ansehen. Wer sich solchermaßen im Griff hat, ist Mokscha näher als andere.

Im 5. Jahrhundert vor Christus entstand in Indien – im Kontext des hinduistischen Glaubenssystems – die religiöse Richtung des Jainismus. Deren zentrale Gestalt ist Vardhamana, der von seinen Anhängern als »Mahavira« – »der große Held« – oder als »Jina« – »der Sieger« – verehrt wird.

Jina war ein Zeitgenosse Buddhas, wie dieser als Prinz erzogen, und änderte sein Leben nach dem Tode seiner Eltern: Er war 13 Jahre lang als Wanderprediger unterwegs. Als Ethiker forderte er einen asketischen Lebenswandel mit dem Ziel, ein gutes *Karma* zu erreichen. *Karma*, ein Begriff aus dem Sanskrit (= Tat, Handlung) kann als das moralische Gesetz von Ursache und Wirkung umschrieben werden. Die schlechten Taten eines Menschen ziehen eine schlechte Wiedergeburt nach sich. Ziel ist aber Mokscha, die Befreiung aus dem Kreislauf der Wiedergeburten. Deswegen sind die Gläubigen um gutes *Karma* bemüht.

Mahavira übernahm die asketische Lebensweise einer 250 Jahre zuvor von Parsva gegründeten Gruppe: Er lebte in äußerster Einfachheit und entwickelte eine religiöse Ethik weiter, die unter anderem auch Mahatma Gandhi prägte: die Gewaltlosigkeit.

In fünf Geboten wird die Ethik der Jainas zusammengefasst: allem voran absolute Lebensschonung (kein Tier darf getötet werden, mancher Mönch trägt daher ein Tuch vor dem Mund, um nicht achtlos ein Insekt zu verschlucken, d. h. zu töten), Wahrhaftigkeit, Achtung fremden Eigentums, Verzicht auf Sexualität und Besitzlosigkeit. Für Laienanhänger des Jainismus gibt es Erleichterungen in Bezug auf Eigentum und Sexualität, doch vermindert das den Ertrag guten *Karmas*. Der verheiratete Mann beispielsweise soll mit seiner Frau nur verkehren, bis ihm ein Sohn geboren ist, der die Pflichten weiterführt; danach hat er sich zu beherrschen, am besten keusch zu bleiben.

Was Jina gelang, hat noch kein anderer geschafft. So wird in einem heiligen Text erzählt:

Länger als vier Monate kam vielerei Getier, bekroch seinen Leib und blieb dort, weidete daselbst und machte ihn wund. Ein Jahr und einen Monat lang war es, dass der Herr das Kleid nicht von sich tat; dann aber war er kleiderlos, ein Dulder, nachdem er, hauslos, das Kleid abgelegt. Nun versenkt er sich, indem er das Auge auf eine Wand heftet, die von Manneshöhe ist und sich seitlich erstreckt, innerhalb von ihr in Tiefsinn; darauf, durch den Anblick erschreckt, schrieen viele: »Seht da!« Wo die Geschlechter gemeinsam schlafen, will er von Weibern nichts wissen; Geschlechtsge-

nuss pflegt er nicht und so versenkt er sich in Tiefsinn, wenn er das Lager aufgesucht hat. Die von ihren Häusern sich nicht trennen können, mit denen gibt er die Gemeinschaft auf und versenkt sich in Tiefsinn; und wenn sie ihn fragen, so antwortet er nicht, aufrecht geht er weiter und nimmt keine Rücksicht. Nicht leicht wird dies manchen Leuten: Er antwortet denen nicht, die ihn grüßen, nachdem er nämlich mit Stöcken geschlagen, von den Ruchlosen hart mitgenommen worden ist. Die schwer zu ertragenden Schmähreden nicht beachtend, als Weiser schweigend vorwärtsstrebend, sah der Naya-Sohn, ohne Kummer die Leute, die gelegentlich im Gespräch vertieft waren; zu Vorträgen, Tanz, und Gesang, zu Stab- und Faustkämpfen, diesen niederen Vergnügungen, geht der Naya-Sohn, aber nicht, um seine Gedanken daran zu hängen. Über zwei Jahre hatte er schon kein kaltes [d. h. frisches] Wasser mehr genossen, als er auszog in die Heimatlosigkeit ...

Wertvolle Gabe
Sexualität als Teil des Lebens

Eine ursprüngliche Freizügigkeit der Sexualität gegenüber ist im Laufe der Jahrhunderte einer immer strengeren Moral gewichen. Dennoch wird die Erotik im Hinduismus geschätzt und als wertvolle Gabe erachtet. Das *Holifest* beispielsweise ist ein frivoles Vergnügen für Jung und Alt: Man bewirft sich gegenseitig mit farbigem Pulver und erinnert sich an *Krischna*, der sich mit den Hirtenmädchen vergnügte.

Der Regelfall ist die geordnete Familie. Aber parallel dazu existieren auch Kulte, die rituell den Beischlaf von Paaren oder in Gruppen vollziehen. Im »tschakra-pudscha« (= »Verehrung des Kreises«) ermuntert der *Guru* seine weiblichen und männlichen Schüler, lauter Dinge zu tun, die sonst verboten sind: bestimmte Fleischsorten zu essen, Alkohol zu konsumieren und natürlich am Ende den Koitus zu praktizieren. Für die Teilnahme an einem solchen Kult ist eine *Initiation* notwendig. Ziel ist ja nicht die Steigerung erotischen Verlangens, sondern Zugang zu spirituellen Dimensionen zu erlangen, die durch Meditation allein nicht mehr zu erreichen sind.

Im Westen ist das »Kamasutra« bekannt geworden: eine Art Leitfaden über die Liebe. Das Buch mit Texten aus dem 3. und 4. nachchristlichen Jahrhundert versteht sich als Einführung in die Liebeskunst und als Handreichung für die gelingende sexuelle Vereinigung. Es behandelt spezielle Fragen und allgemeine Prinzipien.

Buddhismus

Wege zum Erwachen
Die Religion

Dies ist die edle Wahrheit vom Leiden: Geburt ist Leiden, Alter ist Leiden, Krankheit ist Leiden, Sterben ist Leiden; mit Unlieben vereint sein ist Leiden. Von Lieben getrennt sein ist Leiden. Nicht erlangen, was man begehrt, ist Leiden. Kurz, das Verbundensein an die fünf Objekte des Ergreifens [– die da sind: physische Phänomene, Gefühle, Sinneswahrnehmung, Reaktion, Bewusstsein –] ist Leiden. Dies ist die edle Wahrheit von der Entstehung des Leidens: Es ist der die Wiedergeburt erzeugende Durst, begleitet von Wohlgefallen und Begier, der hier und dort seine Freude findet: nämlich der Durst nach Lust, der Durst nach Werden und Dasein, der Durst nach Vergänglichkeit. Dies ist die edle Wahrheit von der Aufhebung des Leidens: die Aufhebung des Durstes durch restlose Vernichtung des Begehrens, ihn fahren lassen, sich seiner entäußern, sich von ihm lösen, ihm keine Stätte gewähren. Dies ist die edle Wahrheit von dem Weg, der hinführt zur Aufhebung des Leidens: Es ist dies der edle achtfache Pfad.

Dies ist die ernüchternde Daseinsanalyse des Siddhartha Gautama, dem Begründer des Buddhismus. Er lebte vor mehr als 2500 Jahren als Prinz in Indien. Der junge Mann wurde in seinem reichen Elternhaus verwöhnt. Die Legende beschreibt seine dramatische Lebenswende, die er vollzog. Danach war er nie mit der harten Realität der Welt außerhalb seines Palastes konfrontiert worden. Auf heimlichen Ausfahrten mit der Kutsche aber begegnete er am ersten Tag einem

Greis und musste erkennen, dass die Jugend nicht ewig ist, sondern dem Alter weicht. Am zweiten Tag sah er einen Mann, der vom Aussatz befallen war: Krankheit war ihm bisher fremd gewesen. Am dritten Tag beobachtete er einen Leichenzug. Dass alle Menschen sterben müssen, wurde ihm erst jetzt klar. Unruhig war Siddhartha, weil er nicht wusste, wie er mit all dem umgehen sollte. Eine Antwort schien ihm die Ausfahrt am vierten Tage zu geben: Er traf einen Bettelmönch.

Im Alter von 29 Jahren riss er sich von seinem reichen Elternhaus, auch von Frau und Kind, los und zog »vom Haus in die Hauslosigkeit«. Als Asket suchte er die Erleuchtung. Das strenge Fasten führte ihn zwar an den Rand des Todes, nicht aber zum gewünschten Ziel. Das erreichte er, nach langen Jahren des Übens, als er ohne Zwang und Druck unter einem Baum meditierte. Hier gewann er alle Erkenntnis und wurde dadurch zum »Buddha« – dem Erleuchteten, dem aus dem Wahn »Erwachten«. »Buddha« ist ein Ehrentitel.

Der Buddha verbreitete fortan seine Lehre, die allen Menschen helfen sollte, das Leiden zu beenden. In Gesprächen, Gleichnissen und Reden vermittelte er seine Lehre des »mittleren Weges« – zwischen einem Lebenswandel in Lust und Ausschweifung und einer Askese, die zur Selbstquälerei führt. Diese Lehre – »Dharma« genannt – erklärt, auf traditionellen indischen Vorstellungen fußend, dass alles Tun ein Ergehen nach sich zieht. Es handelt sich um das System des »*Karma*«, das Gesetz von Ursache und Wirkung. Man kann positives wie auch negatives *Karma* anhäufen. Das *Karma* wiederum bedingt, ob ein Mensch nach seinem Tod noch einmal leben muss und unter welchen Bedingungen er wieder geboren wird. Dieser Prozess (»Samsara« genannt) wiederholt sich so oft, bis sein *Karma* jenen Zustand erreicht hat, der ihm ermöglicht

Erleuchtung zu gelangen und so zum Besten der Lebewesen zu wirken, oder ins »Nirvana« einzugehen: dem »Verlöschen«, »Verwehen«.

Der Weg zur Erleuchtung führt über Erlernen und Verwirklichung des Dharma. Dies ist der »edle achtfache Pfad«, den der Buddha zu beschreiten empfahl:

- Rechte Erkenntnis oder rechte Anschauung: Damit ist das Verstehen der vier edlen Wahrheiten gemeint.
- Rechte Gesinnung: Die Haltung der Güte und Friedfertigkeit, fern von Sinneslust, Hass und Argem.
- Rechte Rede: Keine Lüge, kein unnützes Geschwätz, keine Angeberei. Das Reden sollte weise, wahr und versöhnlich sein.
- Rechte Tat: Das gesamte sittliche Handeln, wobei vor allem Töten, Stehlen und Ehebruch zu unterlassen sind.
- Rechter Lebenserwerb fügt anderen Wesen im beruflichen Tun keinen Schaden zu.
- Rechte Anstrengung lässt böse Willensregungen nicht aufkommen und fördert gute, so dass sich der Mensch in edlen Gedanken, Worten und Werken entfalten kann.
- Rechte Achtsamkeit ist die klare, begierdefreie Besonnenheit beim Denken, Tun und Fühlen.
- Rechte Sammlung wird geübt, losgelöst von allen Hindernissen, durch intensive Konzentration und Meditation.

Der Buddha benennt drei Daseinsmerkmale von allem Geborenen: Was geworden ist, das ist auch leidhaft, vergänglich und ohne bleibende Substanz, also ohne Ich oder Selbst. Der Mensch jedoch haftet an der trügerischen Vorstellung, es gäbe etwas Bleibendes, Dauerhaftes. Er ist durch die »Bewusstseinsgifte« von Unwissenheit, Begierde und Abneigung verseucht. Aufgabe eines Buddhisten ist es, sich heilsame Handlungen und Absichten zu Eigen zu machen, die die Bewusstseinsgifte tilgen, damit die Befreiung von den Daseinsmerkmalen möglich wird.

Der Buddha begann mit einer kleinen Gruppe von Schülern; daraus ist im Laufe der Jahrhunderte eine weltumspannende Religion geworden, die überall ihre Anhänger hat, vor allem in Süd- und Ostasien. Doch in jedem Land hat der Buddhismus ein ganz eigenes Gesicht: So entstanden viele unterschiedliche Richtungen und Schulen, die sich auf die verschiedenen Belehrungen Buddhas beziehen, seine Person unterschiedlich verehren und je eigenen Wegen zur Erlösung folgen. Für manche ist der Buddha nur ein Religionsgründer, der das »Rad der Lehre in Bewegung« setzte, der durch intensive Meditation zu fortschreitender Erkenntnis gelangte, bis zur Erleuchtung. Jeder aufrichtig Suchende hat die Möglichkeit, es ihm gleichzutun. Und so gibt es in bestimmten Traditionen auch außer des einen historischen Gautama Buddha viele Buddhas. Jene, die das Potential zur Buddhaschaft haben, aber aus Mitgefühl zu den Lebewesen nicht darin eingehen, ihnen vielmehr hilfreich zur Seite stehen, werden »Bodhisattva« (»Wesen der Erleuchtung«) genannt. Und andere schließlich verehren den einen Buddha und die vielen Buddhas wie Götter, opfern ihnen, beten sie an, erhoffen sich von ihnen Hilfe und Beistand.

Die verschiedenen Traditionen können in große Richtungen zusammengefasst werden: Da ist zunächst der Hinayana-Buddhismus, das so genannte »Kleine Fahrzeug«, das Buddhas Lehre streng auslegt und nur wenigen, eigentlich nur Mönchen und Nonnen, die Fähigkeit, Erleuchtung zu erlangen, zuspricht. Das so genannte »Große Fahrzeug«, der Mahayana-Buddhismus, lässt alle mitfahren, wenn sie den Grundregeln der buddhistischen Lebensführung folgen, nämlich kein Leben zerstören, nicht stehlen, Unkeuschheit, Lüge und Rauschmittel vermeiden. Eigentlich eher eine kleine Richtung, aber in den letzten Jahren im Westen das Bild des Buddhismus bestimmend, ist der Vadschrayana, das »Diamantene Fahrzeug« des tibetischen Buddhismus, der durch den 14. Dalai Lama Aufmerksamkeit auf sich zieht.

Alle etwa 360 Millionen Buddhisten bilden den »Sangha«, die Gemeinschaft der »Praktizierenden«. Sie ist vereint durch die Grundlagen ihrer Religion, die ohne einen Gott auskommt, dafür aber die Verantwortung des Einzelnen hervorhebt: Es ist die Zuflucht zu den »Drei Juwelen«. So rezitieren die Buddhisten täglich:

> *»Ich nehme meine Zuflucht zu Buddha, ich nehme meine Zuflucht zum Dharma (der Lehre), ich nehme meine Zuflucht zum Sangha (der Gemeinschaft).«*

Die Buddhisten des Diamant-Weges nehmen zusätzlich noch Zuflucht zu ihrem geistlichen Führer, dem Lama. Er gibt ihnen die »drei Wurzeln« Segen, Inspiration und Schutz.

Das buddhistische Wohlwollen drückt sich in einem geläufigen Segensspruch aus:

> *»Was immer es für Lebewesen gibt, alle ohne Ausnahme, seien sie beweglich oder unbeweglich, seien sie lang oder groß oder mittelgroß oder kurz, fein oder grob, seien sie sichtbar oder unsichtbar, seien sie fern oder nah, schon geboren oder erst nach Geburt strebend – alle Wesen sollen glücklich sein.«*

Begehren als Wurzel des Leidens
Das Wesen der Sexualität

In vielem unterscheiden sich die zahlreichen buddhistischen Lehren und Gemeinschaften; sie alle aber akzeptieren die Zehn Regeln:

- Nicht töten.
- Nicht stehlen.
- Keusch leben.
- Nicht lügen.
- Keine Rauschmittel zu sich nehmen.
- Nach dem Mittagsmahl nichts mehr essen.
- Nicht an Vergnügungen teilnehmen (Tanz, Musik, Theater etc.).
- Verzicht auf Körperschmuck und Kosmetik.
- Nicht in bequemen Betten schlafen.
- Kein Geld annehmen.

Diese Regeln wurden für Mönche aufgestellt; die ersten fünf gelten aber auch für die Laien. Das dritte »Gebot« war immer Gegenstand intensiver Bemühungen um angemessene Interpretation: Geht es um vollkommene (bei Laien: weitgehende) sexuelle Enthaltsamkeit? Soll es bedeuten, dass Sexualität nur in erlaubten Beziehungen gestattet ist (also eine Verdammung des Ehebruchs)? Oder – wie heute vielfach übersetzt wird – ist damit nur der Verzicht auf sexuellen Missbrauch gemeint (Verkehr mit Minderjährigen, Vergewaltigung)?
Nach Buddhas Lehre liegt im sinnlichen Begehren die Wurzel allen Leidens und die Ursache für den Kreislauf der Wieder-

geburten (»Samsara«). Besonders die sexuelle Erregung gilt als unrein, als größte Gefährdung des Heils. Der Buddha mahnt:

Gleichwie, ihr Mönche, eine Hahnenfeder oder ein Stück Bogensehne ins Feuer geworfen, zusammenschrumpft, sich krümmt, zusammenrollt und sich nicht mehr ausstreckt: ebenso auch schreckt der Geist eines solchen Mönches zurück vor dem Geschlechtsverkehr, wendet sich weg, kehrt sich ab, fühlt sich nicht hingezogen; und Gleichmut oder Abscheu stellen sich ein.

Folgerichtigerweise kam Buddha selbst, der doch den Weg aus der Begierde hinaus gewiesen hat, jungfräulich zur Welt. Der Mythos erzählt, seine Mutter Maya sah im Traum einen weißen Elefanten, der die Empfängnis auslöste. Als sie gebären sollte, lehnte sie sich stehend an einen Baum an – und das Kind trat auf wundersame Weise durch die Seite ihrer Hüfte aus. Keine Befleckung also durch natürliche Zeugung, keine durch natürliche Geburt. (Maya starb übrigens kurz darauf; ein normales Leben, gar eine normale Sexualität wären ihr nicht mehr möglich gewesen.)

Buddha nennt drei Genüsse, von denen man nicht genug bekommt: den Schlaf, berauschende Getränke und den Sexualakt. Doch Lust und Vergnügen, die nicht durch reinen Geist, sondern durch die Sinnesorgane erzwungen werden, sind verabscheuungswürdig. Sexualität muss bezwungen werden, denn ihr Höhepunkt, der Orgasmus, stellt mit seiner Ekstase und Befriedigung nur eine Perversion des wahren Erleuchtungsvorgangs dar.

Die buddhistische Ethik ist zunächst eine *altruistische*. Der Gläubige soll so viel geben, wie er kann, was sich im Verzicht

auf materielle Güter und auf Sinnesfreuden äußert. Dafür wird er mit fortschreitender Erkenntnis belohnt, die ihn auf dem Weg zur Erlösung voranbringt. Freigebigkeit ist die edelste Eigenschaft der Laien. Durch ihre Almosen ermöglichen sie ja den Mönchen und Nonnen ein Leben in Meditation. Wer reichlich austeilt, der darf hoffen, in einem nächsten Leben selbst als Mönch geboren zu werden.
Buddha hat den Laien, die für die materielle Unterstützung seiner Ordensgemeinschaft ja notwendig waren, keine detailreichen Vorschriften gemacht. Zu den ausdrücklichen Verboten in Bezug auf die Sexualität gehören aber:

- Verkehr mit Minderjährigen
- Ehebruch
- Vergewaltigung
- Prostitution.

Tausend Jahre nach dem Wirken des Buddha wurde seine grundsätzliche Skepsis, ja Ablehnung gegenüber der Sexualität in einer bestimmten Lehrrichtung ins Gegenteil umgekehrt: Der *Tantrismus* lehrt die Übertretung traditioneller Tabus, zum Beispiel, dass Sex nicht nur erlaubt, sondern sogar heilsam sei. Die Vereinigung männlich-aktiver und weiblich-passiver Energie setze schöpferische Potenzen frei. Der Koitus werde zum Symbol der Vereinigung mit der Gottheit. – Tantrischen Mönchen in Japan wurde die Ehe erlaubt. Tibetische Lehrer praktizierten die sexuelle Befriedigung als Alternative zum asketischen Leben.
Sexueller Verkehr wird im *Tantrismus* meistens rituell vollzogen. Die erotischen Abstufungen »Lachen – Anschauen – Umarmen – Vereinigung« unterliegen einem bestimmten Ablauf und konkreten Handlungsanweisungen. Sperma und

Menstruationsblut werden manchmal als »heilige Substanzen« verehrt, als »Wein« oder »Nektar« gepriesen und konsumiert. Ein zeitgenössischer Lehrer des *Tantrismus* stellt fest:

> *Sexualität ist der größte kreative Akt, der in dieser materiellen Welt möglich ist.*

Bedrohung auf dem Weg zur Erlösung
Frau und Mann

Ananda fragt den Buddha: »*Wie sollen wir, Herr, uns gegen ein weibliches Wesen verhalten?*«
– »*Sie nicht ansehen, Ananda!*«
»*Und wenn wir sie ansehen müssen, Erhabener, wie sollen wir uns dann verhalten?*«
– »*Nicht zu ihnen reden, Ananda!*«
»*Und wer zu ihr redet, Herr, wie soll er sich verhalten?*«
– »*Er soll Wachsamkeit üben, Ananda!*«

Es heißt, Buddha achtete die Frauen und respektierte sie; er duldete sie aber jeweils nur kurze Zeit um sich. Er sah in der Frau vor allem aber auch eine Gefahr. Betreuung durch eine Frau, ein Scherz mit ihr, weiblicher Blick und weibliche Stimme waren seiner Ansicht nach im Stande, die Keuschheitsgelübde zu erschüttern. Sogar mit der eigenen Mutter solle man nicht unnötigen Umgang haben. Er mahnt:

Keine andere Gestalt kenne ich, die so lustregend, so begierreizend, so berauschend, so bestrickend und betörend und so hinderlich wäre, die unvergleichliche Sicherheit zu erringen, als wie gerade die Gestalt des Weibes. Wegen der Gestalt des Weibes, ihr Mönche, sind die Wesen in Lust und Begierde entbrannt, gefesselt und betört; und lange klagen sie im Banne der weiblichen Gestalt. (...) Ob, ihr Mönche, das Weib geht oder steht, sitzt oder liegt, ob es lacht oder spricht, singt oder weint; selbst durch Krankheit entstellt, ihr Mönche, selbst als Leiche noch fesselt das Weib des Mannes Herz.

Der Untergang des Mönches ist die Begierde. Und die Verführung geschieht durch die Frau. Die Behauptung, Frauen seien unersättlich, was Geschlechtsverkehr und Gebären angehe, soll Buddha nachträglich von sexfeindlichen Mönchen unterstellt worden sein. Aber das deckte sich mit seinen Äußerungen über die Verführungskraft der Frau, deren Eros der spirituellen Erfüllung entgegenstehe. Vielleicht lassen sich die derben Worte des Erleuchteten als eine Art Präventivschlag verstehen: Was herabgesetzt wird, scheint leichter zu überwinden. Die Legende erzählt, eine Tochter des Teufels – in der buddhistischen Mythologie ein weibliches Wesen namens Mara, deren Töchter lüsterne Hexen sind – habe Buddha verführen wollen. Er aber entgegnete ihr:

Dieser [euer] Körper ist ein Sumpf aus Abfällen, ein infektiöser Haufen von Unreinheiten. Wie kann man sich an solch umherwandelnden Latrinen erfreuen?

Buddhas Urteil ist keineswegs allein so hart, weil es sich um ein »Teufelsweib« handelte, auch die menschliche Frau kommt nicht besser weg.

Besser wäre es, Einfältiger, wenn dein Geschlecht in den Mund einer giftigen und schrecklichen Schlange eindränge, als dass es in eine Frau eindringt. Besser wäre es, Einfältiger, wenn dein Geschlecht in einen Backofen eindränge, als dass es in eine Frau eindringt.

Durch den Schoß der Frau also geschieht Unheil. Während der Menstruation hat sie den Status einer Unreinen und soll nicht den Tempel betreten. Wieder ist es der *Tantrismus*, der hier eine abweichende, ja entgegengesetzte Position einnimmt. Dort wird einmal die *Vagina* mit einer Art Hymnus gelobt:

> *Sie erhebt sich wie der Rücken einer Schildkröte und hat eine Mundöffnung, die durch Fleisch geschlossen wird. (...) Sieh nur das lächelnde Ding mit dem Leuchten der Fluide, welche aus Leidenschaft entsteht. Es ist eine Blume mit tausend Blütenblättern oder hundert; es ist ein Hügel, ausgestattet mit der Süße der Passionsflüssigkeiten. Die geläuterte Essenz der Säfte, die an einem Ort entstehen, wo das Weiße und das Rote [männliche und weibliche Sexualflüssigkeiten] spielen. Der Geschmack aus sich selbst entstandenem Honig ist darin.*

Trotz dieser Preisung: Auch im *Tantrismus* kann allerdings von einer Gleichberechtigung oder wenigstens wesenhaften Ebenbürtigkeit von Frau und Mann nicht ausgegangen werden. An der Frau haftet das Makel der Versuchung.
Nicht nur der weibliche Körper unterliegt der Abwertung der *hierarchischen* Instanzen im Buddhismus, auch ihr Geist scheint dem eines Mannes nicht zu vergleichen zu sein. Erst auf inständiges Bitten und Drängen hin, hat der Buddha auch den Frauen ermöglicht, in einem Orden zu leben. Doch während die Mönche 227 Einzelvorschriften zu beachten haben, sind es bei den Frauen 348. Noch strenger also müssen sie an sich arbeiten. Machen sie aber Fortschritte auf dem Weg der Buddhanachfolge, können sie ihr größtes Problem überwinden, das Frausein. Aus einem *Sutra* ist zu lernen:

> *Erwacht eine Frau zum Gedanken der Höchsten Vollkommenen Erleuchtung, dann ist sie nicht mehr durch die Begrenztheit des weiblichen Geistes gebunden. Da ihr Geist*

nicht mehr begrenzt ist, ist sie nicht mehr an die Begrenztheit ihres Geschlechtes gebunden und wird damit zu einem guten Sohn.

In der Laiengemeinschaft agierten die Frauen von Anfang an pragmatisch und durch ihr Almosengeben stabilisierend für die Buddhajünger.

Notwendige Einrichtung für Nicht-Mönche
Ehe und Familie, Heirat, Scheidung

Das Familienleben ist voller Behinderung, ein Weg auf dem Staub der Leidenschaft. Wie schwierig ist es für den Mann, der in der Familie lebt, das höhere Leben in all seiner Fülle, Reinheit und Vollkommenheit zu führen. Frei wie der Wind ist das Leben dessen, der allen weltlichen Bindungen entsagt hat.
(Wort des Buddha)

Der klassische Buddhismus achtet das Mönchtum höher als die Ehe. Gautama selbst hatte ja Frau und Kind hinter sich gelassen, um in der Askese Erfüllung zu finden. Ja, allein die Existenz der Ehe stellt eine Bedrohung des Zölibats dar, denn sie gaukelt eine Alternative vor, die doch nur eine Notlösung ist. Ein weltlicher Familienvater kann das Keuschheitsgelübde erschüttern, zeigt er doch, wie man anders leben könnte. Dennoch war sich die Ordensgemeinde (»Sangha«) bewusst, dass sie ohne die unterstützende Kraft der Laien mit ihren Idealen überfordert wäre. Die Laien hingegen verinnerlichten ihre *hierarchische* Rolle unterhalb der Mönche und Nonnen, denn diese gaben ihnen die Möglichkeit, Gutes zu tun. Auch bei den Laien scheint die Abwertung der Frau nicht überwunden zu sein. Nicht der Sinnenlust wegen solle man sich ihr nähern, sondern nur um der Fortpflanzung willen. Dafür sei die Ehe die angemessene Ordnung, letztlich eine Folge des »sexuellen Notstandes« für jene, deren sexuelle Beherrschung für das Mönchtum nicht ausreicht. Die Ehe sei eben angemessen, um Sittenlosigkeit zu vermeiden.

Im Laufe der Jahrhunderte wurde die Ehe differenzierter und positiver betrachtet. War zu Buddhas Zeit die *Polygamie* – nicht nur im Herrscherhaus – üblich, hieß es später, mit nur einer Frau zufrieden zu sein sei lobenswert. Buddha fand einmal freundliche Worte für ein treues Paar, das nicht nur in diesem Leben, sondern auch in einer zukünftigen Existenz zusammen sein wollte:

> *Wünschen zwei Gatten einander in diesem Leben zu sehen und sich auch im nächsten Leben zu sehen, so mögen beide gleiches Vertrauen pflegen, gleichen Sittenwandel, gleiche Freigebigkeit und gleiche Weisheit. Dann werden sie einander in diesem Leben sehen und auch im nächsten.*

Die Hochzeit selbst hat keinen religiösen Charakter. Der Buddhismus kennt nur Riten für die Mönchsweihe und bei der Bestattung, nicht aber Passageriten bei Geburt, Erwachsenwerden und Eheschließung. Das Brauchtum bei der Hochzeit ist also von den Herkunftsländern der Brautleute abhängig und variiert stark.

Die Rollenverteilung innerhalb der Ehe sieht vor, dass der Mann die Frau beschützt und die Familie materiell versorgt, die Frau hingegen dem Mann dient. Der Mann soll die Frau achten, nicht hintergehen, ihr im Haushalt die Herrschaft überlassen und sie mit Schmuck und Kosmetik erfreuen. Die Frau soll ihre Aufgaben verantwortungsvoll erfüllen, geschickt und fleißig sein, das Personal in Zaum halten, den Mann nicht hintergehen und den gemeinsamen Besitz hüten.

Die Scheidung ist verpönt. Man vermeide sie nach Möglichkeit, da sie Leiden bringt und schlechtes *Karma* verursacht. Sie wird nach säkularem Recht vollzogen.

Grundsätzlich erlaubt
Geburtenregelung

Unterschiedlichste Methoden der Empfängnisverhütung sind grundsätzlich erlaubt. Nicht gestattet ist die Abtreibung. Denn sie stellt einen gewalttätigen Akt dar, der dem Gesetz der »Nicht-Verletzung« widerspricht. Außerdem ist Abtreibung nicht mit dem Gebot des Mitleidens vereinbar: Der Fötus ist ja ein seelisches Wesen auf der Suche nach einer *Inkarnation*. Wer ihn nicht zur Welt kommen lässt, verhindert seine Chance auf Reifung dem Nirwana entgegen. In manchen Ländern ist es üblich, als Sühne für vollbrachte Abtreibungen kleine Figürchen im Tempel aufzustellen.

Was dem *coitus interruptus* ähnelt, hat in Wahrheit nichts mit Verhütung zu tun: Die tantrische Methode des Spermazurückhaltens. Ständiges, oft schmerzhaftes Üben ist von dem Mann gefordert, der durch mentale Disziplin beim Orgasmus das *Ejakulieren* verhindern will. Wer das durch gekonntes Atmen nicht vermag, kann auch durch Druck auf den Samenleiter den Ausstoß verhindern. Die tantrische Lehre hält die Fähigkeit, den Samen zurückhalten zu können, für eine Hilfe auf dem Weg zur Erleuchtung.

Grenzüberschreitungen
Sexualität außerhalb der Ehe

Das ernsthafteste Vergehen für einen verheirateten Laien ist der Ehebruch. Geschlechtsverkehr mit einem Menschen, mit dem man nicht verheiratet ist, bereitet schlechtes *Karma*. In Burma beispielsweise heißt es: Schläft ein Mann mit einer verheirateten Frau, so wird er in der Hölle wiedergeboren. Oder: Der Mann wird mit einem kleinen *Penis* wiedergeboren, die Frau als Prostituierte. Die Prostitution wird verdammt. Buddha hat zu seiner Zeit Prostituierte zur Umkehr bewegen wollen. Er mahnt alle, Abstand zu halten.

Besondere Verwerfung aber erfährt die Vergewaltigung. Sexuelles Verlangen, das auf Kosten anderer Befriedigung sucht, ist mit der Ethik des Buddhismus unvereinbar.

Des schlimmsten Vergehens jedoch sind die Laien gar nicht fähig. Denn Ehebruch, Prostitution oder Vergewaltigung sind nicht zu vergleichen mit dem Fehlgehen eines Mönches. Er darf vor allem nicht stehlen, nicht töten, nicht vorgeben, Erkenntnis zu besitzen, die er gar nicht hat. Die erste Regel aber lautet: Er darf nicht mit einer Frau schlafen!

Was aber, wenn die Versuchung lockt? Eine Geschichte erzählt, was *Ananda* einer Nonne antwortete, die in ihn verliebt war und körperliche Nähe wünschte:

> *Durch Begehren, o Schwester, ist dieser Körper geworden;*
> *auf Begehren gestützt, ist das Begehren zu überwinden.*
> *Durch Egoismus, o Schwester, ist dieser Körper geworden;*
> *auf Egoismus gestützt, ist der Egoismus zu überwinden.*
> *Durch Begattung, o Schwester, ist dieser Körper geworden;*

und die Begattung hat der Erhabene als Zerstörung der Grenze bezeichnet.

»Grenze« meint in diesem Sinne, durch den Sexualakt verliere der Mönch seine Weihe. Im vorliegenden Fall war die Tat über das Stadium des Gedankens nicht hinausgekommen und daher durch die Beichte zu verzeihen. Wäre es zum Vollzug gekommen, hätte beide die Exkommunikation getroffen:

Welcher Mönch auch immer, der die Regeln und die Lebensführung der Mönche auf sich genommen hat und der sich von dieser Übung nicht zurückgezogen und sein Unvermögen kundgetan hat, obwohl er sich dem Geschlechtsverkehr, auch sogar mit einem Tier, hingibt, dessen Erlösungsstreben ist vereitelt; er ist ausgestoßen.

Exkommunikation also für Zölibatsverletzer. Und doch kennt die buddhistische Tradition auch ihre Ausnahmen. Wo doch das Mitgefühl einem anderen Wesen gegenüber so hoch gepriesen wird, da kann es unter bestimmten Umständen auch einen »Beischlaf aus Mitgefühl« geben. Der Mönch tut der Frau damit Gutes, er selbst bleibt rein, wenn sein Geist rein bleibt, also die Motivation eine vollkommen helfende ist ...
Masturbation ist ein Akt der Leidenschaft – er schafft nach buddhistischer Anschauung im wahrsten Sinne des Wortes Leiden, also schlechtes *Karma*. Er wird aber weniger streng beurteilt als der Koitus und kann von den Mönchen in der Beichte bei Voll- bzw. Neumond reumütig bekannt und gesühnt werden. Der *Tantrismus* lehrt, dass Selbstbefriedigung eine sinnvolle und notwendige Vorübung für seine Praktiken ist, mit der *Penis* und Klitoris gereizt werden können. Er verfügt über Handreichungen geeigneter Techniken.

Negativ ist nicht das Gleichgeschlechtliche an sich
Homosexualität

Gleichgeschlechtliche Erotik kommt in buddhistischen wie auch in den Ordensgemeinschaften anderer Religionen vor. Für Mönche und Nonnen ist sie grundsätzlich negativ, weil es sich um sexuelles Tun handelt.

Was die Laien angeht, so ist Homosexualität verpönt, aber nicht so scharf verurteilt.

Transzendierte Potenz
Askese

Die von Buddha ursprünglich ins Leben gerufene Gemeinschaft war eine Mönchsgemeinde. Dementsprechend ist auch die Moral eine Moral für Mönche – fordernd, absolut und nicht daran orientiert, wie sie mit einem »normalen« Leben mit Familie und Beruf zu vereinbaren wäre.

Die Sangha (der Orden) hat repräsentativ für alle Buddhisten die Ideale zu leben. Täglich rezitierte Meditationsformeln drücken diese Ziele aus:

Mögen alle Wesen frei von Anfeindungen, frei von Bedrückung, frei von Beklemmung glücklich ihr Leben verbringen.
Mögen alle Wesen vom Leid befreit sein.
Mögen alle Wesen erlangtes Wohlergehen nicht verlieren.

Die Erfahrung des Buddha ist, dass diese Ziele leichter zu erlangen sind, wenn bestimmte Voraussetzungen gegeben sind, wie beispielsweise die Ehelosigkeit. Sie ist mehr als quälende Enthaltsamkeit, sie will die Sexualität an sich transzendieren – also »vergeistigen« und die sexuelle Energie in geistige Potenz umwandeln. Und doch wissen die Mönche und Nonnen, der Weg ist nicht leicht: Das altindische Wort für »Askese« (= »tapas«) heißt übersetzt »Hitze«. Heilige Formeln sollen helfen, die lüsternen Gedanken zu bekämpfen, zu verbrennen.

Aus dem Bewusstsein als Ursache entsteht Name und Form; aus Name und Form entstehen ursächlich die sechs Sinnesbereiche; aus diesen die Berührung; aus der Berührung die

Empfindung; aus der Empfindung als Ursache entsteht das Begehren; aus dem Begehren geht das Anhaften hervor; durch das Anhaften wird der Prozess des Werdens in Gang gesetzt; aus dem Werden resultiert die Wiedergeburt; aus der Wiedergeburt entstehen Alter und Tod, Schmerz, Kummer, Leid, Betrübnis und Verzweiflung.

Buddhas pessimistische Sicht des Daseins sagt, dass das eigentliche Problem der Wunsch des Menschen zu existieren sei; er wolle leben und das Leben weitergeben. Das ist das »Anhaften«. Mit der Weitergabe des Lebens durch Sexualität werden aber auch alle seine negativen Begleiterscheinungen weitergegeben. Dieser verhängnisvolle Kreislauf kann nur durch Askese durchbrochen werden.

Die asketischen Ideale haben auch im Laienbuddhismus Fuß gefasst. Sexualität wird in seiner Funktion als Zeugungsvorgang für Nachkommen respektiert, aber immer auch in seiner Bedrohlichkeit wahrgenommen. An bestimmten Fastentagen im Jahr haben auch die Laien enthaltsam zu leben. Grundsätzlich geht es darum, die fünf Gebote ernsthaft zu erfüllen, denn Vernachlässigung des einen zieht Schwierigkeiten mit dem anderen nach sich. Wer beispielsweise Alkohol trinke, der verliere auch das sexuelle Schamgefühl – und verletzt gleich zwei Weisungen. Beide ziehen schlechtes *Karma* nach sich und verlängern seine leidvolle Existenz, die doch des Nirvana harrt.

Achtung und Schutz vor Extremen
Sexualität als Teil des Lebens

Diese zwei Extreme, o Mönche, sollen nicht von dem praktiziert werden, der die Welt aufgegeben hat. Welche beiden? Das eine Extrem ist die Hingabe an Lust und Vergnügen; sie ist gemein, vulgär, unedel und nutzlos; das andere Extrem ist die Hingabe an Selbstkasteiung; sie ist schmerzhaft, unedel und nutzlos.

Buddha meint, wer das erkannt habe, könne den mittleren Pfad gehen, den seine Lehre weise. Darin wird die Sexualität zum Prüfstein der Selbstbeherrschung.

Den angemessenen Umgang mit dem Thema Sexualität erklärt für die Menschen unserer Tage ein moderner buddhistischer Zen-Meister, *Thich Nhat Hanh* so:

Des Leidens bewusst, dass durch sexuelles Fehlverhalten verursacht wird, bin ich zur Entwicklung von Verantwortungsgefühl entschlossen und möchte Wege finden, die Sicherheit und Unversehrtheit von Individuen, Paaren, Familien und der Gesellschaft zu schützen. Ohne Liebe und eine langfristige Absicht will ich mich nicht in eine sexuelle Beziehung begeben. Ich bin zur Achtung gegenüber meinem Versprechen und denen der anderen entschlossen, um mein Glück und das der anderen zu erhalten. Alles in meiner Macht Stehende will ich tun, um Kinder vor sexuellem Missbrauch zu schützen und zu verhindern, dass Paare und Familien durch sexuelles Fehlverhalten auseinander brechen.
(aus: Thich Nhat Hanh, nach: Netzwerk engagierter Buddhisten.)

Glossar

Abaelard, Peter:	Theologe und Mönch (1079-1142), der wegen seiner Beziehung zu Héloise bestraft wurde.
Abraham:	Gestalt der Bibel und des Korans; wird von Juden und Muslimen als Stammvater verehrt.
Ahura Mazda:	der gute Gott der iranischen, streng dualistischen Religion der Parsen (auch Zoroastrier genannt, nach ihrem Propheten Zarathustra). Er kämpft mit dem Widersacher Ahriman, wird aber am Ende als Sieger hervorgehen.
Al-Ghazzali:	arabischer Religionsphilosoph (1058/59-1111). Er begründete die Notwendigkeit des Glaubens durch die Widersprüche zwischen den Philosophen.
altruistisch:	selbstlos (Gegensatz: egoistisch).
anal:	den After betreffend.
Ananda:	der Lieblingsjünger Buddhas.
androgyn:	griechisch für etwa »männlich und zugleich weiblich«; andrós = Mann, gyné = Frau.
Anthropologie:	Wissenschaft, die den Menschen in seiner natur- und geisteswissenschaftlichen Entwicklung zum Gegenstand hat.
Aphrodite:	griechische Göttin der Schönheit und Liebe.
Artemis:	griechische Göttin der Jagd und des Tierreichs.
Athene:	in der griechischen Mythologie Lieblingstochter des Zeus, Kriegsgöttin und Schutzherrin der Stadt Athen.
Attis und Kybele:	kleinasiatisches Götterpaar, das durch Tod und Auferstehung das Werden und Vergehen der Natur symbolisiert.
Bhagavadgita:	»Gesang des Erhabenen«, meistgelesenes Lehrgedicht in Indien, als dessen Verfasser der Gott Krischna verehrt wird.
bisexuell:	meint sowohl doppelgeschlechtlich als auch das Nebeneinander hetero- und homosexueller Neigungen in einem Menschen.
Brahmanen:	Priesterkaste im Hinduismus.
Buber, Martin:	Religionsphilosoph (1878-1965), übersetzte gemeinsam mit Franz Rosenzweig die Hebräische Bibel ins Deutsche.
Bundeszelt:	auf der Wüstenwanderung der Israeliten Aufbewahrungsort der Bundeslade mit den Tafeln der Gebote.
Codex Iuris Canonici:	Codex des kanonischen Rechtes.
coitus interruptus:	vor dem Samenerguss unterbrochener Geschlechtsverkehr.
Defloration:	Entjungferung.
dentata:	bezahnt.

Drewermann, Eugen: katholischer Priester, Psychotherapeut und Autor (*1940).

Ejakulation:	Samenerguss.
ejakulieren:	»hinauswerfen«, ausspritzen.
Epigonen:	Nachahmer ohne eigene Ideen.
erigieren:	sich aufrichten.
Ethnologie:	Wissenschaft, die schriftlose Völker erforscht.
Eucharistie:	griechisch »guter Dank«; Name des christlichen Abendmahlsgottesdienstes.
evangelikal:	sog. »bibeltreue«, wertkonservative Strömung innerhalb des Protestantismus.
Ewigkeit:	nicht verstanden als endlos lange Zeit, sondern als Zustand jenseits der Grenzen von Raum und Zeit. Religiöse Symbolik und Rituale setzen sich in der Regel über diese Grenzen hinweg.
exegetisch:	die Bibel erklärend.
Exhibitionismus:	Entblößung und Zurschaustellung des Geschlechtes, um bei sich selbst sexuelle Lust zu erzeugen.
Fähigkeit zum ehelichen Akt:	verlangt wird nicht Potenz zur Zeugung, sondern die rein körperliche Option, den Beischlaf vollziehen zu können. Bestimmte spastische Behinderungen schließen also von der katholischen Ehe aus.
feministisch:	den Feminismus betreffend, d.h. die politische Bewegung, die die tatsächliche, vollständige Gleichberechtigung der Frau anstrebt.
Feministische Theologie:	etwa: Gotteslehre aus weiblicher Sicht.
Fromm, Erich:	Psychoanalytiker (1900-1980), war davon überzeugt, lieben zu können sei eine zu erwerbende kulturelle Fähigkeit.
Ganesch:	Gott des Wohlstands, der Weisheit und des Glücks; wird als Mann mit einem Elefantenkopf dargestellt.
genital:	das Geschlecht betreffend.
gnostisch:	zur Gnosis gehörend. Die Gnosis war ein philosophischer Weg der Gotteserkenntnis.
Guru:	ein religiöser Lehrer; von altindisch »guru« = »schwer«, dann »Autorität, Gewicht«.
Heiden:	Anhänger einer Religion außerhalb von Islam, Juden- oder Christentum, also Hindus, Buddhisten oder auch Atheisten.
heidnisch:	meint im biblischen Kontext, die nichtjüdische bzw. nichtchristliche Umwelt: Griechen, Römer, Ägypter, etc.

Henotheismus:	subjektiver Monotheismus, der die anderen Götter nicht verneint, aber einen bestimmten Gott bevorzugt bzw. über die anderen stellt.
Heros:	Held; in der griechischen Mythologie ein Halbgott (Sohn einer Göttin und eines sterblichen Vaters oder umgekehrt).
heterosexuell:	sexuelles Empfinden, das sich auf das andere Geschlecht richtet. Gegenteil von homosexuell« – »gleichgeschlechtlich«.
hierarchisch:	in »heiliger Herrschaft« nach Rängen geordnet.
Hierodule:	Tempelsklavin, die der betreffenden Gottheit gehörte und deren Dienst u.a. in der Prostitution bestand, z.B. im Dienst der Göttin Aphrodite.
Hieronymus:	Heiliger des Katholizismus im Rang eines »Kirchenvaters« (340-420).
historischer Jesus:	gemeint ist das, was von der Gestalt des Jesus von Nazareth historisch fassbar ist im Gegensatz zum »Christus des Glaubens«, also der Gestalt, über die religiöse Aussagen gemacht werden (etwa, er sei der Erlöser, er sei auferstanden von den Toten, etc.).
Holifest:	indisches Frühlingsfest, während dessen die Kastenunterschiede kurzzeitig aufgehoben sind.
homo sapiens:	der vernunftbegabte Mensch, dessen frühe Formen etwa 600.000 Jahre alt sind. Der heutige Mensch – »homo sapiens sapiens« – existiert seit etwa 40.000 Jahren.
Indra:	erst Kriegsgott, später Regengott, Schützer des Himmels.
Initiation:	Aufnahme in die Volks- oder Religionsgemeinschaft. Siehe Passageritus.
Inkarnation:	lateinisch für »Fleischwerdung«; gemeint ist, dass die Seele wieder in einen Körper eingeht.
Institution:	eine öffentliche Sache, die dem Wohl oder dem Nutzen des Einzelnen und der Allgemeinheit dient.
Kaddisch:	feierliches Gebet, das auch für die Toten gesprochen wird; der Sohn hat es für seine Eltern am Grab zu sprechen.
Karma:	»Tat«; indische Vorstellung, jede Tat zieht eine Wirkung nach sich.
Kastration:	Ausschaltung oder Entfernung der Hoden, manchmal zusätzlich auch des Penis.
Klitoris:	aus griech. Klitoris (= kleiner Hügel); »Kitzler«.
Krischna:	Held des hinduistischen Pantheon, eine irdische Erscheinungsform des höchsten Gottes Vischnu. Von den Gläubigen hoch verehrt.
Latenz:	etwa: zeitweiliges Verborgensein.
Lesbos:	griechische Insel vor der türkischen Ägäisküste.
Lot:	Neffe Abrahams, von dem sowohl die Bibel als auch der Koran erzählt.

Luther, Martin:	Begründer und Wortführer der Reformation (1483-1546).
Manas:	etwa: »Denken, Geist, Gesinnung«.
Manichäismus:	Religion des Mani (3. Jahrhundert nach Christus).
Mantra:	»magischer Spruch«; oft wiederholte Formel, die der Meditation dient.
masochistisch:	sexuelle Erregung durch körperliche Schmerzen empfinden.
Matrone:	ältere, ehrwürdige Frau.
Mekka:	alte Stadt in Saudi-Arabien.
Menarche:	erste Menstruation.
Mikwe:	Tauchbad für den rituellen Gebrauch; benötigt »fließendes« Wasser.
Minarett:	Turm an einer Moschee, von dem der Muezzin ruft.
Mitgift:	Mitgabe, Aussteuer, Hab und Gut, das die Braut mit in die Ehe einbringt.
monastisch:	mönchisch.
monogam:	nur mit einem Menschen verheiratet sein; übertragen auch: nur mit einem Menschen sexuellen Kontakt pflegen. Das Gegenteil heißt »polygam«.
Mose:	israelitischer Held, der das Volk aus der Gefangenschaft Ägyptens herausführte.
Muezzin:	Ausrufer, der die Zeit zum Gebet verkündet.
Mysterienkulte:	im Römischen Reich und im antiken Griechenland religiöse Zusammenkünfte, deren Rituale geheim waren: nur Eingeweihte waren zugelassen.
Naturreligionen:	Religionen schriftloser Völker, deren Glaubensgut (das sehr mit der Natur verbunden ist) mündlich durch Mythen weitergegeben wird.
Nietzsche, Friedrich:	Philosoph (1844-1900); seine Weltanschauung ist pessimistisch, aber nicht verurteilend.
Noachidische Gebote:	auf den Bund Gottes mit Noah zurückgehende Vorschriften, die universale Bedeutung haben. Dazu gehören die Verbote der Gotteslästerung, des Götzendienstes, der Unzucht, des Blutvergießens, des Raubes und des Genusses von Fleisch eines lebenden Tieres, sowie das Gebot der Rechtspflege.
Noah:	Gestalt der Hebräischen Bibel, die mit einem Schiff Menschen und Tiere vor der Sintflut rettete.
Orakel von Delphi:	Stätte in Griechenland, wo eine Priesterin in Trance Göttersprüche vermittelte.
oral:	den Mund betreffend.
orthodox:	»rechtgläubig«, die Glaubensvorschriften streng auslegend.
Overkill:	»übertöten«; mehr Waffen besitzen, als nötig sind, um den Gegner mehr als einmal töten zu können. Militärische Situation der Großmächte.

Ovulationshemmer:	Medikament, dass die Ausstoßung des reifen Eies aus dem Eierstock einer geschlechtsreifen Frau verhindert.
Pantheon:	die Gesamtheit aller Götter einer polytheistischen Religion.
Passageritus:	Zeremonie, die von einem gesellschaftlichen Status in einen anderen versetzt, wie Geburt, Erwachsenwerden, Tod.
penetrieren:	eindringen.
Penis:	lateinischer Ausdruck für das männliche Glied.
Penisneid:	These Sigmund Freuds, Mädchen würden in einer bestimmten Entwicklungsphase Jungen um deren Geschlecht beneiden.
Pessach:	Fest, das an die Befreiung aus der Knechtschaft in Ägypten erinnert.
phallisch:	den Penis betreffend.
Phallus:	griechischer Ausdruck für das männliche Glied.
physiologisch:	die körperlichen Vorgänge betreffend.
Pollution:	unwillkürlicher Samenerguss.
Polygamie:	Vielehe; »Polygynie« genannt, wenn der Mann mehrere Frauen, »Polyandrie«, wenn die Frau mehrere Männer hat.
Prometheus:	Held der griechischen Mythologie.
promisk:	häufig den Sexualpartner wechselnd.
Proselyten:	Religionswechsler.
Quäker:	christliche Glaubensgemeinschaft, die im 17. Jahrhundert in England gegründet wurde. Die Quäker lehnen ein verfasstes Credo, Sakramente und eine kirchliche Hierarchie ab.
Rabbanim:	die Ehefrauen des Rabbis.
Rabbinatsgericht:	Gericht aus Rabbinern, die innerjüdische Rechtsfälle behandeln.
Raw:	anderer Ausdruck für Rabbi.
realpräsent:	durch den Kult erzeugte Gegenwart.
Religionswissenschaft:	kulturwissenschaftliche Disziplin, die – möglichst objektiv – das Phänomen Religion mit Hilfe archäologischer, soziologischer, historischer und linguistischer Methoden erforscht.
Sabbatnacht:	die Nacht von Freitag auf Samstag.
sadistisch:	sexuelle Erregung dadurch empfinden, dass anderen körperliche Schmerzen zugefügt werden.
Sakrament:	ein auf Jesus Christus zurückgehendes »Zeichen des Glaubens«, das Gnade und Heil vermittelt.
Samenriten:	zeremonielle Zusammenkünfte, in denen Ejakulation und Verzehr von Sperma im Mittelpunkt standen.
Sannyasin:	Asket, wandernder Mönch, im weiteren Sinn auch Schüler eines Gurus.

Sappho:	griechische Lyrikerin, lebte um 600 vor Christus.
Scharia:	die muslimische Rechtsordnung, die das religiöse und weltliche Leben regelt.
Schriftreligionen:	nach muslimischem Verständnis jene Religionen, die vor der Offenbarung des Koran bereits ein Heiliges Buch besaßen, dass den Einen Gott verkündet, also Juden und Christen mit der Bibel.
Schulchan Aruch:	»gedeckter Tisch«, ein weitverbreiteter jüdischer Katechismus von Rabbi Josef Karo, zuerst gedruckt 1565 in Venedig.
sexuelle Revolution:	das Aufbegehren gegen diejenigen traditionellen Normen der Gesellschaftsordnung, die das Sexualleben betreffen.
Sinai:	Halbinsel zwischen Ägypten und Israel, Schauplatz wichtiger Ereignisse in der Hebräischen Bibel.
Sodomie:	Geschlechtsverkehr eines Menschen mit einem Tier.
stoisch:	gemäß der antiken Philosophie der Stoa, die tugendhaftes Leben als vernunftgemäß lehrt.
Sufis:	Mitglieder einer islamischen Glaubensgemeinschaft, die asketisch und mystisch leben.
Sutra:	altindisch für »Leitfaden«; kurze Sätze, die oft wiederholt werden und der Meditation dienen.
Tantra:	altindisch für »Gewebe«.
Tantrismus:	seit dem 6. Jahrhundert eine Bewegung in Hinduismus und Buddhismus, die sich auf besondere Schriften – das »tantra« (= »Gewebe«) – stützen. Der Tantrismus lehrt das Streben nach Loslösung von der Sinnenwelt eben durch rituellen Gebrauch der Sinne, beispielsweise der (ritualisierten) Sexualität.
Tempelprostitution:	käuflicher Beischlaf mit sakralen Weihen, im Tempelbezirk vollzogen. Meist symbolisierte die Hure die Göttin. Der Koitus mit ihr galt als förderlich für die Fruchtbarkeit.
Thich Nhat Hanh:	vietnamesischer Mönch (*1926), der sich in seinem Heimatland für gewaltlosen Widerstand engagierte, ausgewiesen wurde und in Frankreich ein spirituelles Zentrum gründete. Er ist einer der profiliertesten Vertreter eines modernen Buddhismus, der den Dialog mit dem Westen, seiner Philosophie und seinen Religionen führt.
Universalreligionen:	Religionen, die sich prinzipiell an alle Menschen wenden und/oder weltweite Verbreitung haben.
Upanischaden:	Umfangreiche Sammlung religiöser Texte, etwa aus dem 8. vorchristlichen Jahrhundert. Sie belehren vor allem über den Weg aus dem Kreislauf der Wiedergeburten hinaus. Das indische Wort »upanishad« meint: »Danebensitzen« (des Schülers neben dem Lehrer).

Vagina:	lateinischer Ausdruck für die weibliche Scheide.
2. Vatikanisches Konzil:	Versammlung aller katholischen Bischöfe (1962-1965), die weitreichende Reformen einleitete.
Veden: Singular: Veda,	altindisch für »Wissen«; älteste schriftliche Dokumente der indischen Religion, etwa 3.500 Jahre alt.
Vesta:	römische Göttin des Feuers; im Tempel der Vesta auf dem Forum Romanum dienten Jungfrauen aus vornehmen Familien und pflegten das Hl. Feuer des Staates – die Vestalinnen.
Vorhang des Toraschreins:	in der Synagoge werden die Torarollen in einem besonderen Schrank aufbewahrt, der von einem kostbaren Vorhang verziert wird.
Voyeurismus:	sexuelle Lust, die durch das Betrachten sexueller Darstellungen und das Beobachten sexueller Vorgänge erfahren wird.
Vulva:	griechischer Ausdruck für die weibliche Scheide.
Yoga:	»Anschirrung«; körperliche und geistige Meditationsübungen.
Zeus:	in der griechischen Mythologie der Vater aller Götter.
Zoroastrismus:	Religion der Parsen, der Anhänger des Zarathustra (lebte im ersten Jahrtausend vor Christus in Persien).

Weiterführende Literatur

Allgemein:

- Allen, Woody: Was Sie schon immer über Sex wissen wollten, aber sich nie zu fragen trauten. Zürich, 2. Auflage 1995.
- Ammicht Quinn, Regina: Körper – Religion – Sexualität. Theologische Reflexion zur Ethik der Geschlechter. Mainz 2. Auflage 2000.
- Bellinger, Gerhard J.: Sexualität in den Religionen der Welt. KOMET Frechen, 1999
- Bowker, John: Das Oxford-Lexikon der Weltreligionen. Düsseldorf 1999.
- Comfort, Alex: More Joy of Sex. Noch mehr Freude am Sex. Berlin 1982.
- Goldin, Nan: Die Ballade von der sexuellen Abhängigkeit. Frankfurt a.M., 4. Auflage 1995
- Hooper, Anne: Alles über Sex. München 1996.
- Klöcker, Michael und Tworuschka, Udo (Hg.): Wörterbuch Ethik der Weltreligionen. Die wichtigsten Unterschiede und Gemeinsamkeiten. Gütersloh, 1996.
- Religionswissenschaftlicher Medien- und Informationsdienst (Hg.): Religionen feiern. Festtage und Feiertage religiöser Gemeinschaften in Deutschland. Marburg 1997.
- Schwikart, Georg: Die Seiltänzer. Über das Leben zu zweit. Kevelaer 2000.
- Tanner, Fritz: Eros und Religion. Spiritualität und Sexualität. Tobler/HEROLD 1988.
- Thiele, Johannes: Verflucht sinnlich. Die erogenen Zonen der Religion. München 2000.
- Walker, Barbara G.: Das geheime Wissen der Frauen. Ein Lexikon. Frankfurt/M. 1993.

Judentum:

- Baumann, Arnulf H. (Hg.): Was jeder vom Judentum wissen muss. Gütersloh 1997.
- Fohrer, Georg: Glaube und Leben im Judentum. Heidelberg und Wiesbaden 1991.
- Golzio, Karl-Heinz: Basiswissen Judentum. Gütersloh 2000.
- Kim, Chernin: Über die Grenze. Frankfurt a.M. 2000.
- Pfaffenholz, Alfred: Was macht der Rabbi den ganzen Tag? Das Judentum. Düsseldorf 1998.

✝ Christentum:

- Ecclesia Catholica: Katechismus der Katholischen Kirche. München; Wien, Freiburg, Leipzig, Linz 1993.
- Kiessig, Manfred, u. a.: Evangelischer Erwachsenenkatechismus. Glauben – erkennen – leben. Gütersloh 2000.
- Schwikart, Georg: Basiswissen Christentum. Gütersloh 2000.

Islam:

- Erzbischöfl. Generalvikariat Köln (Hg.): Katholisch-islamische Ehen. Eine Handreichung. Köln 2000.
- Khoury, Adel Theodor; Hagemann, Ludwig; Heine, Peter: Islam-Lexikon. Geschichte – Ideen – Gestalten. 3 Bände. Freiburg/Basel/Wien 1991.
- Lemmen, Thomas, Basiswissen Islam, Gütersloh 2000.
- Omar, Kaplan: Sexualität im Islam und in der türkischen Kultur. Frankfurt/M. 1999.

ॐ Hinduismus:

- Lähnemann, Johannes: Weltreligionen im Unterricht, Teil 1: Fernöstliche Religionen. Göttingen, 2. Aufl. 1994.
- Osho: Vom Sex zum kosmischen Bewusstsein. Köln 1995.
- Schreiner, Peter: Im Mondschein öffnet sich der Lotus. Der Hinduismus. Düsseldorf 1996.

Buddhismus:

- Golzio, Karl-Heinz. Der Kaufmann, der eine bessere Predigt forderte. Lesebuch zum Buddhismus. Düsseldorf 1995.
- Schweer, Thomas: Basiswissen Buddhismus. Gütersloh 2000.
- Trimondi, Victor und Victoria: Der Schatten des Dalai Lama. Sexualität, Magie und Politik im tibetischen Buddhismus. Düsseldorf 1999.
- von Brück, Michael: Buddhismus. Gütersloh 1998.

Abbildungsnachweis:

Cover *(von oben nach unten)*: Boris Borvine Frenkel, »Le mariage« © Archiv für Kunst und Geschichte (AKG), Berlin; Lucas Cranach d. Ä., »Der Sündenfall« (Adam und Eva) © Archiv für Kunst und Geschichte (AKG), Berlin; »Die Geburt des Buddha«, aus einer Serie mit Darstellungen aus dem Leben Buddhas © Archiv für Kunst und Geschichte (AKG), Berlin; »Fest des Sultan Murat III. zur Beschneidung seines Sohnes Mehmet in Istanbul«, Festszene im Hippodrom © Archiv für Kunst und Geschichte (AKG), Berlin; Indische Plastik, 11. Jahrhundert, »Shiva und Parvati« © Archiv für Kunst und Geschichte (AKG), Berlin.
Innenteil: *Abb. 4:* »Hochzeitszug in einer Ortschaft in der DDR« © Archiv für Kunst und Geschichte (AKG), Berlin; *Abb. 6:* »Mädchen mit Schreibgriffel, sog. Sappho« © Archiv für Kunst und Geschichte (AKG), Berlin; *Abb. 7:* »Venus von Milo« © Archiv für Kunst und Geschichte (AKG), Berlin; *Abb. 8:* Peter Paul Rubens »Lot und seine Töchter« © Archiv für Kunst und Geschichte (AKG), Berlin; *Abb. 9:* Boris Borvine Frenkel, »Le mariage« © Archiv für Kunst und Geschichte (AKG), Berlin; *Abb. 10:* Jean-Baptiste Nattier »Joseph und Potiphars Weib« © Archiv für Kunst und Geschichte (AKG), Berlin; *Abb. 12:* Lucas Cranach d. Ä., »Der Sündenfall« (Adam und Eva) © Archiv für Kunst und Geschichte (AKG), Berlin; *Abb. 14:* »Fest des Sultan Murat III. zur Beschneidung seines Sohnes Mehmet in Istanbul«, Festszene im Hippodrom © Archiv für Kunst und Geschichte (AKG), Berlin; *Abb. 15:* Andreas Geiger, »Der Haareem in Elisium« © Archiv für Kunst und Geschichte (AKG), Berlin; *Abb. 20:* Indische Plastik, 11. Jahrhundert, »Shiva und Parvati« © Archiv für Kunst und Geschichte (AKG), Berlin.